Vendes o vendes

Grant Cardone es un experto en ventas con fama internacional y el autor de *Si no eres el primero, eres el último* y *Vendes o vendes*. Aparece de manera regular en Fox, CNBC, CNN, Bloomberg, *The Huffington Post* y *The Wall Street Journal*. La visión única y de sentido común de Grant, su humor, su audacia y su energía contagiosa le permiten conectar con cualquier audiencia y le han valido el título de «Emprendedor del siglo XXI». Grant Cardone cree que las compañías y los individuos solo pueden ser exitosos a través de las ventas.

Para más información, puedes consultar los siguientes sitios web:
www.cardoneuniversity.com
www.grantcardone.com
www.cardoneondemand.com
🔲 grantcardone
▶ @GrantCardone

GRANT CARDONE

Vendes o vendes

Cómo salirte con la tuya en los negocios y en la vida

Traducción de
Carlos Tejada

DEBOLS!LLO

Papel certificado por el Forest Stewardship Council®

Penguin
Random House
Grupo Editorial

Título original: *Sell or Be Sold: How to Get Your Way in Business and in Life*

Mayo de 2026
Reimpresión: mayo de 2026

© 2013, Grant Cardone
© 2021, 2026, Penguin Random House Grupo Editorial, S. A. U.
Travessera de Gràcia, 47-49. 08021 Barcelona
© 2015, Carlos Tejada, por la traducción
Diseño de la cubierta: Penguin Random House Grupo Editorial / Paola García Moreno

Printed in Spain – Impreso en España

ISBN: 978-84-663-7588-7
Depósito legal: B-2.624-2026

Impreso en Liberdúplex
Sant Llorenç d'Hortons (Barcelona)

P 37588 A

Este libro está dedicado a mi padre,
Curtis Cardone, quien amaba a las personas
y fue muy respetado tanto por su familia
como por su comunidad.
Mi padre admiraba a los vendedores
y a la industria de las ventas,
pues era un fiel convencido de que saber vender
es un prerrequisito para que una persona
sea exitosa en cualquier campo de la vida.

ÍNDICE

14 LAS BASES DE PODER

15 EL TIEMPO

16 LA ACTITUD

17 LA VENTA MÁS IMPORTANTE DE MI VIDA

18 EL PROCESO PERFECTO DE LAS VENTAS

19 EL ÉXITO EN LAS VENTAS

20 TIPS DE ENTRENAMIENTO PARA VENDEDORES

21 TEN PRESENCIA EN LAS REDES SOCIALES

22 TIPS PRÁCTICOS PARA MANEJAR CUALQUIER TIPO DE SITUACIÓN

PREFACIO

Desde que escribí mi primer libro, *Sell to Survive*, que publiqué con mis propios recursos, he escrito tres libros más: *Los cerradores, guía de supervivencia: Más de 100 maneras de firmar el trato* (un éxito de ventas según *The New York Times*) y *La regla de oro en los negocios*, que después se convirtió en un programa de televisión.

Conforme los escribí, aprendí mucho sobre lo que la gente quiere, lo que la gente en realidad hace y, gracias a los comentarios de mis lectores, aprendí a identificar aquello en lo que necesitan ayuda.

Sell to Survive nunca se ha vendido en librerías y, sin embargo, alcanzó el uno por ciento de los libros de edición de autor más vendidos debido a las recomendaciones de boca a boca. Gracias a este libro he recibido comentarios y preguntas de miles de personas quienes afirman que, después de leerlo, sus carreras como vendedores dieron un giro de ciento ochenta grados. Otros lectores, quienes no consideraban que las ventas tuvieran algún uso para ellos, confirman que este libro les permitió darse cuenta de qué era lo que les hacía falta para alcanzar sus objetivos y expandir sus negocios.

Tengo la certeza de que *Sell to Survive* es el libro sobre el arte de vender más importante de los últimos cincuenta años y que es de vital importancia para cualquier persona que quiera hacer realidad sus sueños. Así pues, hemos tomado ese libro y lo volvimos a trabajar, añadimos material nuevo y lo rebautizamos como *Vendes o vendes, Cómo salirte con la tuya en los negocios y en la vida*.

Espero que lo disfrutes,
GRANT CARDONE

1

VENTAS, UN MODO DE VIDA

Saber vender es un prerrequisito para la vida

Las ventas tienen impacto en la vida de todas las personas del planeta. Tu habilidad o torpeza para vender, persuadir, negociar y convencer a otros afecta todos y cada uno de los campos de tu vida, por lo que de ello depende en gran medida tu capacidad para sobrevivir.

Sean cuales sean tus estudios o tu posición social, a lo que te dediques o el puesto que tengas dentro de una empresa, en algún punto te verás en la necesidad de convencer de algo a alguien más.

El arte de vender es un arte practicado todos los días por todas las personas de nuestro planeta. Nadie está a salvo. Las ventas no son simplemente un trabajo o una carrera profesional, las ventas son una habilidad esencial para sobrevivir y garantizar una excelente calidad de vida. ¡Es más, tu capacidad para tener éxito depende directamente de tu habilidad para convencer a los demás de lo que tú crees! Necesitas saber negociar y establecer acuerdos con las demás personas. Tu poder para agradarle a la gente, para hacer que trabajen contigo y que te quieran complacer determina qué tan exitoso puedes llegar a ser. Vender es más que un simple trabajo, ¡es un estilo de vida!

Vender (según el *Merriam-Webster's Collegiate Dictionary*) es la acción de persuadir o influir los actos o la aceptación de alguien más.

¿A quién no le afecta esto?

Cuando uso el término "vender" me refiero a cualquier cosa que tenga que ver con convencer, persuadir, negociar o... conseguir lo que tú quieres. Como puedes ver, lo anterior incluye casi cualquier cosa, desde saber debatir y relacionarte con los demás hasta intercambiar bienes y servicios, convencer a una mujer de que salga contigo, comprar o vender una casa, pedir un préstamo bancario, empezar tu propio negocio o persuadir a un cliente para que compre algo.

Es común escuchar que la razón por la que un negocio o una persona quiebran es debido a su falta de liquidez. ¡Falso! La verdadera razón por la que un negocio fracasa es porque sus ideas no se supieron vender lo suficientemente rápido y lo suficientemente bien para que el negocio no se quedara sin dinero. ¡Ninguna persona puede construir un negocio si ignora la importancia de las ventas! Piensa en cualquier actividad humana; te apuesto a que, en un punto, siempre hay alguien intentando influir en el resultado final.

Pongamos un ejemplo: un golfista que tiene que hacer un tiro de ciento ochenta metros de distancia. El golfista coloca la pelota en su sitio y hace todo lo posible para persuadirla de que vaya directo al hoyo. Habla con ella, le suplica, manotea, incluso reza en voz baja para que la pelota vaya al hoyo. Mientras tanto, su contrincante se mantiene a unos pasos de distancia y desea justo lo contrario. Este ejemplo demuestra cómo cada uno de nosotros siempre hace algo para influir en el resultado de las cosas.

El grado en que puedes influir en el resultado de los hechos de tu vida es el factor que determina tu posibilidad de éxito. Aquellos que no quieren confiar su suerte a las súplicas, la esperanza o las plegarias, deben aprender a persuadir, convencer y negociar adecuadamente.

No importa quién eres o a qué te dediques, siempre vendes algo. Ya sea que te quieras considerar o no un vendedor, sólo existen dos posibilidades: vendes algo o alguien te vende a ti. De cualquier forma, alguno de los dos intentará salirse con la suya.

Sin excepción alguna, hay una venta en todos y cada uno de los intercambios de ideas o en cualquier comunicación entre dos personas. Puedes negarlo, pero eso no cambiará las cosas. Eres un vendedor, y lo eres las veinticuatro horas del día: te aseguro que, desde que te levantas en la mañana hasta que te vas a dormir, deseas conseguir que las cosas pasen como tú quieres. El hecho de que no tengas la etiqueta de vendedor o de que nadie te pague una comisión es un tecnicismo; sigues siendo un vendedor y las comisiones pueden tener muchas formas.

La comisión

Hablemos de comisiones. Salirte con la tuya es una comisión. No todas las recompensas tienen que ser monetarias. Algunos de mis más grandes logros no tienen nada que ver con dinero. Recibir el reconocimiento por un trabajo bien hecho es una comisión. Conseguir un ascenso o un aumento de salario es una comisión. Tener nuevos amigos es una comisión increíble. Lograr que te aprueben un proyecto es una comisión.

Me parece cómico escuchar cuando la gente dice que no podrían dedicarse a las ventas porque nunca se acostumbrarían a trabajar por comisiones. Cuando lo oigo, pienso: "¿A qué te refieres?, toda tu vida es una comisión. En ninguna parte te podrán garantizar un salario eterno. Todo el mundo funciona por comisiones y el mundo entero está a la venta."

Se dice mucho que las mejores cosas en la vida son gratis, pero yo no concuerdo. ¡Las mejores cosas de la vida son aquellas que vienen en forma de comisión por un esfuerzo bien hecho! Felicidad, seguridad, estabilidad, un gran hogar, una gran familia, amor, confianza, amistades, tu parroquia, tu comunidad, etcétera, son todas comisiones resultado del trabajo de alguien más.

El amor verdadero es la comisión más grande, y es para aquellos que se tomaron el trabajo de encontrar a un compañero, cuidarlo y alimentar su relación constantemente para que nunca deje de crecer. No existe ninguna garantía que te asegure que tendrás amor por el simple hecho de tener una pareja.

Primero, debes persuadir a la otra persona para que se interese en ti. Después, tienes que averiguar qué quiere y qué lo hace feliz. Luego, debes darle lo que el otro necesita y asegurarte de seguírselo dando constantemente. Y en algún punto de todo ese proceso debes convencerlo a él o a ella de que tú eres la persona indicada para formar una vida juntos. Si tienes éxito en hacerlo y superas sus expectativas, entonces serás beneficiado con la comisión del amor.

Tampoco la salud la tienes garantizada de por vida. La salud es una comisión que recibes por cuidarte a ti mismo. Cuando alguien logra venderse bien la idea de comer saludablemente, hacer ejercicio y cuidar sus hábitos, recibe la comisión de un buen estado de salud.

Ser bendecido con la llegada de un hijo también es una comisión que no llega sólo con el matrimonio. Para conseguirlo, debes convencer a tu pareja de que tenga relaciones sexuales contigo (recuerda que el matrimonio tampoco es un aval que te asegure sexo de por vida). Si no eres capaz de convencer a tu pareja de que quiera tener relaciones contigo, entonces la comisión de los hijos nunca será para ti. Y una vez que los tienes, tendrás que seguir vendiendo: la disciplina, la ética, la educación, los buenos modales, son todos conceptos que tendrás que venderle a tus hijos. Si no lo haces, ellos te venderán los suyos. Recuerda que los niños son los mejores vendedores del planeta: son apasionados, inagotables, persistentes y... ¡saben cómo doblegar la paciencia de sus padres para conseguir lo que quieren!

El punto es que vender es una materia relacionada con la vida y cualquier aspecto de ella involucra tener que vender algo. Mientras más consistente sea tu capacidad como vendedor, ¡mejores serán las comisiones que obtengas en tu vida!

Así que manos a la obra. Todas las personas de nuestro planeta están involucradas en lo mismo, sin excepción alguna. Si esta idea te desagrada, entonces subestimas el verdadero significado de la palabra "vender". Piensa una cosa, ¿cuando te digo "ventas", de inmediato viene a tu mente un merolico que puede estafar a quien se le acerque?; ¿o posiblemente ves la imagen de un tipo que te confronta y te presiona mucho? Ambas clases de vendedores son un extremo negativo y ninguno de ellos refleja la verdadera naturaleza de un buen vendedor. Confrontar y ejercer presión sobre el cliente son tácticas de un vendedor novato que no comprende que se trata de recursos muy poco agraciados.

En este libro, cuando hablo de ventas no sólo me refiero a la carrera profesional o a las personas que reciben un salario por vender productos, me refiero a todos los recursos que una persona común y corriente puede usar para persuadir a los demás y conseguir lo que quiere.

Cuidado con la información falsa

Como cualquier otro asunto, las ventas están llenas de información falsa que se ha perpetuado a lo largo del tiempo. En parte, esta información es responsable de la impresión negativa que tenemos de ellas y lo poco que las consideramos como una habilidad para vivir mejor. Por información falsa me refiero a todo ese conocimiento que, sin estar comprobado, es aceptado como bueno y se transmite de una persona a otra.

Por ejemplo, durante mucho tiempo quise comprar propiedades, sobre todo departamentos para poder rentarlos. Cuando empecé a investigar, las personas me decían que ser arrendador era una pesadilla y que no me sorprendiera cuando un inquilino me llamara a media noche para quejarse de que una tubería se le había roto. A pesar de que es cierto que un inquilino se puede molestar si tiene una fuga, esta impresión acerca de ellos es información falsa que aleja a muchas personas de querer comprar una propiedad para arrendarla. Actualmente, poseo más de 2 500 departamentos y, créeme, los inquilinos no son la mayor dificultad. No tener un inquilino es un problema, tener una fuga de agua es simplemente algo que se puede solucionar. Y claro que ser arrendador ofrece problemas pero, ¿qué importa? Te aseguro que las dificultades son mucho menores a los beneficios. En aquel entonces, cuando apenas comenzaba, las personas que no sabían casi nada de comprar propiedades usaron esta información falsa para convencerme de no hacerlo.

Todo el asunto del dinero está lleno de información falsa que se transmite por personas que saben dar muchos consejos, pero que ni siquiera lo tienen.

Cuando comenzaba a construir mi primer negocio, casi todas las personas me advirtieron de lo difícil que iba a ser, de cuánto dinero iba a necesitar, de lo riesgoso que era y cómo muy pocos logran sobrevivir. Ninguna de estas personas eran propietarios de un negocio pero estaban llenos de consejos que darme. Como te podrás dar cuenta, esta información falsa hace a un lado todas las historias de personas que tuvieron éxito al abrir sus propios negocios. Después, una vez que tuve éxito con el primero, quise abrir otro negocio donde necesité hacerme de un socio. Otra vez, la gente comenzó a decirme que las sociedades no funcionan. Pues sí, si bien es cierto que asociarte con alguien más es difícil, también te puedo garantizar que, de no haberlo hecho, yo hubiera sido incapaz de operar el negocio. Y por cierto, esa sociedad de la que te hablo y que acordamos con un apretón de manos, hoy tiene casi cincuenta años de seguir viva.

Las personas tienden a formarse opiniones, dar consejos y transmitir mitos sin siquiera haber vivido las experiencias en carne propia. Mucha de la información que transmiten no ha sido sometida a un análisis y sin embargo la dicen como si se tratara de algo cierto.

Por ejemplo, las leyendas urbanas. La gente es capaz de jurar y perjurar que son ciertas historias como la del amigo del primo de un amigo que desapareció hace veinte años en la fiesta de graduación y hoy su fantasma pide aventón en la carretera que pasa por el cementerio. Esta historia la puedes escuchar en casi cualquier parte de Estados Unidos; sin embargo, si le pides a la persona que te la contó que te dé un dato específico, un nombre, una dirección o una fecha, por ejemplo, es muy seguro que no podrá decirte nada más, aun cuando un instante antes te la contó como si se tratara de un hecho verdadero.

Hace unos años, algunas personas me recomendaron que por ningún motivo me fuera a vivir a California, porque "era un lugar muy costoso y lleno de gente extraña". La recomendación vino de gente que, claro, ¡nunca vivió ahí!

El mismo fenómeno ocurre con las ventas y a ello se debe su mala fama y la subestimación de las habilidades que nos otorgan. Es una lástima, pues todos necesitamos saber vender para que nos vaya bien en la vida, además de que, por sí misma, la profesión de un vendedor está llena de libertades y beneficios financieros. La gente, no obstante, continúa transmitiendo información falsa y asegura que saber vender es muy difícil, que es muy complicado depender de las comisiones, que es una vida muy sórdida y que trabajas demasiadas horas al día, que no es una profesión confiable con ingresos seguros y que... ¡ni siquiera se puede considerar un trabajo real! Lo vuelvo a decir, es una lástima que se piensen todas estas cosas porque las ventas es una profesión que da una gran cantidad de libertades y muchos beneficios económicos.

Es muy poco frecuente que la impresión que la gente tiene de las ventas se base en hechos reales. Gran parte de la imagen negativa que tenemos de los vendedores se debe a que pensamos en la gente que se dedicaba a ellas en el pasado, lo cual nos hace creer que se trata de personas con poca relevancia en el presente. Si comienzo a decirte algo sobre ventas, sobre saber persuadir, es muy seguro que tú me interrumpas y cambies el tema, debido a que en tu mente ves una imagen del pasado o escuchas lo que alguien más te dijo alguna vez sobre los vendedores. Mira cómo basas tu opinión en impresiones que pertenecen al pasado y cómo cualquier imagen del pasado tiene muy poco valor en el presente y nada en el futuro.

Las ventas son críticas para sobrevivir

A pesar de tus prejuicios, opiniones e impresiones negativas de las ventas y los vendedores, debes hacer tuya la idea de que tienes que saber vender, sin importar cuál sea tu trabajo o tu posición en la vida. Seas rico o pobre, mujer u hombre, ganes un salario o estés contratado por comisión, siempre tendrás que venderle algo a alguien para poder avanzar. No existe excepción a esta regla y no hay manera de escapar de ella. Eso no significa que debes empezar a usar chaleco de poliéster, zapatos blancos de imitación de cuero y hablar como un merolico para que las personas hagan lo que tú quieres.

Tómate un minuto para pensar en todos los roles que desempeñas en tu vida. Ponle que eres esposa, socia, empleada, mamá, maestra, parroquiana, vecina, amiga, escritora y presidenta de la asociación de padres de familia de la escuela de tus hijos. Quiero que pienses detalladamente en cada uno de estos roles e identifiques qué tanto involucran a las ventas. Tal vez no sea tu profesión ni recibas un pago por vender productos, pero te aseguro que, si lo piensas bien, saber vender influye en el éxito que puedes tener en cada uno de estos roles más que cualquier otra habilidad.

La recepcionista que quiere un aumento, la actriz que quiere el papel, el hombre que se quiere quedar con la chica, todos ellos dependen de su habilidad para venderse, lo sepan o no. Evidentemente, también aquel cuyo ingreso depende de las ventas tiene que saber vender. Cuando vas en tu auto hacia el trabajo y quieres tomar la autopista, debes saber negociar y venderle a los demás conductores tu necesidad para que te dejen pasar y tomar la salida. Cuando quieres comprar una casa e intentas convencer al dueño de que te la dé más barata, estás vendiendo. Cuando vas al banco a pedir un préstamo, tienes que venderle al empleado que es importante que te lo otorgue. Cuando un actor va a una audición, no sólo debe convencer al director de que sabe actuar, ¡sino de que es el adecuado para el papel! Comienza a prepararte ahora, pues no hay manera de eludir el hecho de que necesitas esta habilidad para que te vaya bien en la vida.

Saber vender es tan crucial para la sobrevivencia de una persona que yo no entiendo por qué no se enseña en las escuelas. El hecho de que no se enseñe ahí, de que no sea un requisito, o incluso una posibilidad, sólo indica el inmenso valor que tiene para quienes aprenden a hacerlo. De cualquier forma, para mí es evidente que las cosas que se necesitan en la vida no son las que enseñan en las escuelas. Yo pasé más de diecisiete años recibiendo educación formal y te puedo decir que he aprendido más de los seminarios, los programas de radio, los libros y las conversaciones que he tenido con otros empresarios, que en la escuela. Si hicieran una lista de las habilidades que los llevaron a la cima, ningún empresario exitoso dejaría fuera su capacidad para vender y persuadir.

Se ha dicho que casi una cuarta parte de la población del planeta tiene algo que ver con ventas. Quien haya llegado a esta cifra sólo pensó en una industria y un tipo de trabajo. Es incorrecto creer que eso son las ventas. Saber vender es absolutamente necesario para que te vaya bien en la vida. Respirar, comer, hacer ejercicio no son profesiones para la mayoría de nosotros, pero son requisitos fundamentales para poder vivir. Lo mismo ocurre con las ventas. Sin embargo, casi todos los libros que hablan de ellas se limitan a hacerlo como si sólo fueran un trabajo y no una habilidad para la vida.

Mi esposa siempre me pregunta cómo le hago para convencer a los demás. La respuesta es simple, porque así lo quiero; porque quiero que nosotros tengamos una gran vida, porque quiero salirme con la mía (claro que sí) y porque sé cómo vender, cómo persuadir y cómo cerrar un negocio. Aunque ella no lo sepa, mi esposa es la mejor vendedora que yo he conocido. Es apasionada, persistente y siempre se sale con la suya; y no sólo conmigo.

Este libro te va a enseñar cómo conseguir lo que tú quieres.

PREGUNTAS DEL CAPÍTULO UNO

Piensa tres cosas que conseguiste la semana pasada que hayan requerido de tu habilidad para saber vender.

1. _____
2. _____
3. _____

¿Cuál es la principal razón por la que un negocio falla?

_____

_____

_____

_____

¿Cuáles son las tres comisiones más importantes de tu vida?

1. _____
2. _____
3. _____

¿Cuáles son las dos habilidades que asegurarán que una persona tenga un lugar en el mercado?

1. _____
2. _____

2

LOS VENDEDORES HACEN
QUE EL MUNDO GIRE

Los vendedores manejan la economía

Un vendedor es vital para la dinámica de la economía. Sin vendedores, cualquier industria del planeta se detendría. Los vendedores son a la economía lo que los escritores son a Hollywood. Quizá por eso se dice que incluso Dios y el diablo necesitan un buen vendedor.

Las ventas son la última gran ventana de oportunidad que existe hoy en día. Se trata de una carrera en la que una persona puede trabajar para sí misma, ser su propio jefe y hacer sus sueños realidad.

Literalmente, sólo necesitas una pluma para firmar contratos y compromiso para conseguir tus objetivos; fuera de eso no necesitas nada más para convertirte en la persona que tú quieras.

No existen límites para quienes deseen seguir aprendiendo y estén listos para comprometerse con las ventas como una carrera. Hazlo así y serás recompensado con todos los tesoros posibles. Aprende el gran arte de vender y nunca te faltará trabajo, porque siempre serás indispensable para los demás. Aprende a controlar el ciclo entero de las ventas de principio a fin y tendrás la confianza para llegar a donde quieras, para hacer lo que sea, vender el producto que se te antoje y ser consciente de que tienes la convicción necesaria para alcanzar tus sueños.

Sin vendedores, el mundo dejaría de girar. Piénsalo: si un producto no se vende ni circula entre la gente, las fábricas se detienen, la producción se estanca, deja de haber necesidad de distribuir o almacenar, de importar y exportar, de comercializar. Actualmente, el peso de nuestras economías y de nuestra cultura recae en la habilidad de los vendedores. Todo nuestro sistema económico se basa en la capacidad para poner los productos en manos de los consumidores. Es muy sencillo, si el cliente no lo compra, las fábricas no lo producen.

Los vendedores manejan productos, pequeños negocios, industrias completas, economías enteras. Como muchos otros, yo llegué al mundo de las ventas después de la universidad porque no sabía qué hacer con mi vida. Decidí probar con las ventas mientras encontraba un trabajo "real" y escogí ese camino porque era fácil de hacer y no implicaba tomar decisiones drásticas que cambiaran mi vida, pero incluso después de haberme decidido, mis padres, maestros y amigos intentaron convencerme de que buscara un "verdadero" trabajo.

Para mí, el problema es que estos llamados trabajos reales no parecían darme suficiente dinero, además de que se me figuraban trampas mortales que le exprimían la vida a la gente. La única cosa con lo que podía asociar estos trabajos "reales" era con los maestros que los promovían. Incluso hoy, estos trabajos supuestamente verdaderos se designan con nombres aparentemente "reales": doctor, abogado, contador, enfermera, químico, ingeniero, inversionista, quiropráctico, etcétera. Lo curioso es que en todas estas profesiones uno debe venderse para poder progresar en su carrera. En última instancia, el éxito depende de una habilidad más que de cualquier otra: saber vender.

¿Ventas o una carrera universitaria?

Uno de los errores más grandes de nuestra cultura actual es que las ventas no se valoren lo suficiente para que haya cursos al respecto. A lo largo de toda mi educación formal, en ningún momento tuve opción para estudiar algo que tuviera que ver con ellas. Me pregunto qué tan respetable y deseable puede ser una actividad que no se enseña en las escuelas. Si la materia no forma parte de las "instituciones educativas" del mundo, entonces no se debe tratar de una verdadera carrera, ¿cierto? ¡Falso! A lo largo de mi vida nadie me enseñó sobre finanzas o bienes raíces en la escuela, pero eso no significa que ambas sean materias de poca importancia. Las escuelas no le enseñan a la gente cómo tener un matrimonio exitoso o cómo criar a sus hijos y, sin embargo, ¿qué podría ser más valioso que eso?

Muchos jóvenes de los que van a mis seminarios me han dicho que en algún momento tuvieron que decidir entre continuar con su carrera como vendedores o ir a la universidad. Yo siempre les digo que, aun cuando en las escuelas se enseñan habilidades básicas para la vida y el mundo laboral, ninguna escuela es capaz de formar por sí sola a una gran persona. Puede ser que en ellas aprendas cosas absolutamente necesarias y que te ayuden a hacer muchos contactos, pero las escuelas no son capaces de garantizar el éxito de una persona; a final de cuentas, éste siempre dependerá de tu voluntad y compromiso.

Haz una encuesta entre las cien personas más ricas del mundo y te aseguro que ninguna de ellas atribuirá su éxito a lo que aprendió en la escuela. Muchos de ellos ni siquiera tuvieron una educación tradicional. Esto no quiere decir que las escuelas sean malas o una pérdida de tiempo, lo que significa es que la educación no es la única manera de que a las personas les vaya bien. Mira a tu alrededor y te encontrarás con un sistema escolarizado que produce profesionistas capaces de recordar lo que leyeron, más no de aplicar lo que aprendieron. Seguro que en la escuela aprenderás un montón de cosas básicas, pero nadie te enseñará cómo hacer el balance de tu chequera, cómo incrementar tus utilidades, ahorrar y establecer un buen trato, cómo comunicar, resolver problemas e incrementar tu valor en el mercado. Este tipo de información sólo la encontrarás fuera de la escuela. Es algo que la mayoría de las personas sabe que debe hacer para mejorar sus habilidades. Si bien es necesaria, la educación no puede ser considerada como el objetivo a perseguir. Puede ser cierto que en las escuelas hay grandes maestros, es una lástima que tengan salarios tan bajos y deban dedicarse a refritear un temario y a forzar a los alumnos para que aprendan cosas que les serán inútiles. Pregúntale a cualquier empresario cuál es su mayor problema y todos te dirán lo mismo: no pueden encontrar empleados que piensen por sí mismos, resuelvan problemas y los ayuden a incrementar las ventas y expandir el negocio.

Las escuelas enseñan lenguas, matemáticas, gramática, química, historia, geografía, y todas estas materias son necesarias pero no deberían sustituir la necesidad de enseñar otro tipo de cosas como saber vender, persuadir y realmente cumplir con los requisitos de un potencial empleador. Por alguna razón, las escuelas no están hechas para enseñar las cosas que sí pueden marcar una diferencia. Desconozco cuál es la razón de esto, pero te puedo decir que hay vendedores que ganan mucho más que un cirujano y trabajan mucho menos, y con muy poco estrés.

Todas las profesiones dependen de las ventas

Es un hecho que para que una persona tenga una gran vida, debe conocer y aplicar las habilidades de un buen vendedor. Puede ser que, para resolver ciertos problemas, contrates los servicios de un doctor, un abogado o un arquitecto, pero nunca podrías sobrevivir si no sabes comunicar, persuadir o cerrar un trato.

Está comprobado que estas habilidades son más importantes que cualquier cosa que aprendas en la escuela. Con esto no quiero decir que esas otras áreas del conocimiento no son valiosas, pues lo son; sólo quiero demostrar que las ventas son igual de valiosas y respetables. En lugar de parecer una hormiga que trabaja muchas horas al día, te puedes convertir en una persona que gana mucho dinero y cuyo salario no se apega a un tabulador. Aunque otros no lo consideren como una carrera respetable, yo te puedo decir que a mí me han dado la oportunidad de convivir con líderes de todos los campos, desde ingenieros y banqueros hasta actores y directores de cine. Y aunque no lo creas, todas estas personas construyeron su carrera gracias a su habilidad para vender. Todos ellos me han confesado que alguna vez leyeron algún libro sobre cómo negociar, vender y persuadir. ¿Por qué? Porque comprendieron que era absolutamente necesario.

Cualquier persona, sin que importe a qué se dedica, depende de las ventas: un político, por ejemplo, que quiere ganar tu atención e interés para que votes por él; un orador que busca convencer a su audiencia para que le crean; un empleado que busca un ascenso; un entrenador que quiere convencer a su equipo de que puede ganar el partido; un agente de bienes raíces que quiere persuadir a una persona para que compre una casa; un banquero que quiere que inviertas tu dinero en sus fondos de inversión; una mesera que te ofrece el especial del día; un vendedor de ropa que busca que le compres no sólo el traje sino las tres camisas y las corbatas, además de la tarjeta de crédito que ofrece la tienda.

Vender es una actividad inagotable que nos incluye a todos. Quienes saben vender, persuadir y cerrar un trato, son más aptos para la supervivencia, sin que importe cuál sea su línea de trabajo.

Si quieres, tú puedes sacar tus propias conclusiones de por qué las ventas no son consideradas una profesión real ni se enseñan en la escuela. Puede ser debido a un grupo de delincuentes que a lo largo de los años han arruinado la reputación de todos nosotros, pero ellos no son vendedores, son ladrones. Y ladrones los hay en todas partes, pueden ser médicos, abogados, dentistas, maestros, políticos y hasta psiquiatras.

De algo estoy seguro: ninguna persona puede obtener poder y estatus sin la habilidad para persuadir a otros. Saber cómo comunicarte y convencer a los demás es un recurso que debes poseer; no saber hacerlo es una deficiencia. No importa cuáles sean tus ambiciones, debes saber comunicarte con los otros y mientras mejor lo hagas, más personas estarán de acuerdo contigo. A su vez, mientras más personas concuerden contigo, más fácil será que consigas lo que quieres y más disfrutarás tu vida.

PREGUNTAS DEL CAPÍTULO 2

¿Cuáles son las libertades que da la carrera de vendedor?

1. _____
2. _____
3. _____

¿Qué cosas dependen de los vendedores?

1. _____
2. _____
3. _____
4. _____

En tus propias palabras, describe la importancia de las ventas para la economía.

_____
_____
_____
_____

Según el autor, existe un recurso o una deficiencia que tú debes poseer para saber vender. ¿Cuál es y qué influencia tiene en tu vida?

_____
_____
_____
_____

3
PROFESIONAL
O *AMATEUR*

El profesional

Ven a mi mundo un momento y deja que te revele los secretos de un vendedor profesional y te diga cómo te puedes convertir en uno. Aunque tú no te dediques a las ventas, debes saber vender como un profesional para sacarle más jugo a tu vida. Como le digo a las personas que van a mis seminarios, "si quieren volverse ricos, aprendan cómo vender". Yo me profesionalicé como vendedor cuando cumplí veintiséis años, después de mucho tiempo de investigar y estudiar intensivamente al respecto. El trabajo duro rindió frutos y el resto de mi vida cambió como resultado de haber aprendido esta habilidad. Todos los negocios que he empezado, todos los dólares que he ganado y todas las grandes cosas que me han pasado en la vida son resultado de mi habilidad para vender.

Tres cuartas partes de las personas de este mundo no tienen idea del éxito que experimentarían en su vida si supieran cómo vender. Es muy fácil: si no saben hacerlo, no tendrán éxito. Si bien no espero que hagas de las ventas tu principal ocupación, sí espero que para este punto ya estés convencido de que se trata de una habilidad esencial. Ningún sueño se puede volver realidad si no eres capaz de vendérselo a otras personas.

Profesional: persona que se dedica a una actividad específica no como pasatiempo sino para recibir un pago.

Por experiencia te puedo decir que el noventa y nueve por ciento de los vendedores profesionales tienen muy poca idea de lo que significa vender y mucho menos de cómo pueden determinar y predecir sus resultados. Esto lo digo no para ofenderte, sino para informarte. Si de alguna forma te sientes agredido, sigue leyendo. Muchas veces es difícil escuchar la verdad, pero este libro te dará control de tu profesión, te dará control de tus clientes y te ayudará a incrementar tus ingresos y a transformarte en un verdadero profesional. Los mejores vendedores no se designan a sí mismos como vendedores, sino como litigantes, negociadores, moderadores, propietarios, inventores, políticos, asesores, fundadores, agentes, actores, artistas, planificadores, etcétera. Piensa en Benjamin Franklin, John F. Kennedy, Martin Luther King Jr., Bill Gates, Martha Stewart, todos fueron o son verdaderos profesionales de las ventas.

El *amateur*

Amateur: persona que realiza una actividad como un pasatiempo más que como una profesión, o que carece de habilidad o experiencia para llevarla a cabo.

Durante los últimos veinticinco años he conocido a cientos de miles de vendedores que son *amateurs* y no saben nada acerca de las ventas. ¿Para ti las ventas son un pasatiempo parecido a mirar televisión? ¿Te hace falta experiencia y herramientas? ¿Cuando negocias, no tienes muy claro qué estás haciendo? ¿Te la pasas luchando? ¿Piensas que no hay manera de que te puedas volver un vendedor? ¿Sientes desdén por las ventas? ¿No toleras el rechazo o incluso la idea de vender algo? Si todas estas preguntas describen cómo te sientes al respecto, entonces tenemos mucho trabajo que hacer.

Yo puedo enseñarte a ser un profesional, pero primero debemos aclarar dos cosas. Primero, aprender que vender es esencial para tu supervivencia, sin que importe cuál sea tu carrera. Segundo, decidir ser un profesional y abandonar la idea de que se trata de algo para otras personas y no para ti. Debes decidir que es hora de conseguir lo que tú quieres y abandonar la idea de que esto es una cosa del destino o de los dioses. Está en tus manos, tienes que cambiar el chip y entender que tu propia vida y tus sueños dependen de tu habilidad para vender. Si te es imposible conseguir tus objetivos, es momento de que dejes de dar excusas. Convéncete de que es hora de aprender el único secreto detrás del éxito: las ventas.

La gran deficiencia

Por miles de años, los vendedores han amasado riquezas y acumulado bienes. Puede ser que para muchos vendedores esto parezca una fantasía, pero ello se debe a su falta de visión de las oportunidades que hay, y que sólo aprovechan los grandes vendedores.

Puede ser que en el planeta haya o no escasez de agua y petróleo, lo que sí te garantizo es que existe una gran escasez de vendedores comprometidos y dedicados. Esto es una buena noticia para todos aquellos que quieran ser buenos vendedores, pues el mundo los espera lleno de riquezas. A pesar de que hay miles de millones de personas que se llaman a sí mismos vendedores, la verdad es que los que en realidad merecen este nombre son muy pocos. La diferencia entre la mediocridad y la grandeza recae en el compromiso hacia la profesión y en la fuerza con que uno se deja consumir por el deseo de aprender el negocio. Aun cuando es una creencia popular que en las ventas existen muchos límites, te aseguro que los únicos límites que encontrarás son los que existen en tu imaginación.

La verdad es que puedes ganar lo que tú quieras, no existen límites, tú puedes decidir qué productos vender, a quién vendérselos y cómo hacerlo. De hecho, los grandes vendedores que sobresalen del resto ni siquiera se dedican a las mismas cosas que el resto de las personas. Ellos piensan diferente, actúan diferente y trabajan diferente. Para ellos, su trabajo implica muy poco esfuerzo, pues entienden cuál es la manera de alcanzar sus metas. Ellos reciben grandes honorarios comparados con los de sus colegas y hacen ver a las ventas como una cosa sencilla de hacer, por lo que los demás creen que su éxito se debe a un talento especial con el que nacieron. Esto no podría estar más lejos de la verdad. Nunca he conocido a nadie que alcance grandes niveles de éxito y se deba a la suerte o la bendición de los dioses. Ellos son exitosos porque saben cómo hacerlo.

Cuando las economías colapsan, puede ser que los grandes vendedores sufran cierta merma en la producción, pero ellos siempre podrán sobrevivir, mientras los *amateurs* perderán sus trabajos. Los grandes vendedores no están sometidos a techos presupuestales y saben que sus ingresos dependen sólo de su habilidad para estar frente a un cliente, para hacerse presentes, establecer acuerdos, cerrar ventas y reproducir los mismos resultados una y otra vez.

Sólo un puñado de personas en verdad se toman el tiempo para aprender este juego y dominarlo. Cuando yo tenía veinticinco años hice el compromiso de saber todo lo que hay que saber acerca del juego de las ventas. Desde entonces, me levanto todas las mañanas con entusiasmo y urgencia por conseguir grandes resultados. Aunque el *entusiasmo* es maravilloso, de ninguna forma remplaza al *conocimiento*.

Un *amateur* puede ir todos los sábados a jugar golf con sus amigos, pero de ninguna forma podría jugar contra un profesional que conoce la esencia del juego.

Una persona que sabe lo que está haciendo y entiende cada aspecto de su profesión no necesita *ponerse* entusiasta, porque él *es* entusiasta. Cuando conoces algo en esencia puedes predecir los resultados. Y quien puede predecir resultados posee verdadera confianza y libertad.

PREGUNTAS DEL CAPÍTULO 3

En tus propias palabras, ¿cuál es la diferencia entre un profesional y un *amateur*?

_____

_____

_____

_____

Escribe tres cualidades que alguien más te haya dicho que no poseen la mayoría de los vendedores.

1. _____

2. _____

3. _____

Ahora escribe tres cualidades que tú hayas visto que le hacen falta a los vendedores de la actualidad.

1. _____

2. _____

3. _____

¿Cuáles son las tres diferencias entre mediocridad y grandeza, según lo afirma el autor? (Reflexiona en cuáles de éstas necesitas trabajar.)

1. _____

2. _____

3. _____

Cuando una economía está en recesión, ¿cuál es la principal diferencia entre un gran vendedor y un *amateur*?

_____

_____

_____

_____

4

LOS GRANDES

Compromiso

Entonces, ¿cómo te conviertes en uno de los grandes de tu área? ¿Cómo te vuelves un maestro? El primer paso, y el más importante de todos, es el compromiso.

Compromiso: entregarte completamente a algo.

La ineludible verdad es que, para ser realmente bueno en algo, debes entregarte por completo a ello. Si te dedicas a las ventas, debes comprometer toda tu energía y tus recursos en ellas. Si, en cambio, no te dedicas a las ventas, lo mejor es que estés absolutamente convencido de que tu éxito depende de tu habilidad para vender y que es mejor que aprendas a hacerlo. Tienes que convencerte a ti mismo de que esto es lo que te llevará a conseguir lo que quieres en la vida.

¿Y cómo se compromete una persona? En mi caso, lo que hago es eliminar cada una de mis demás opciones y entregarme por completo para aprender todo lo que pueda sobre el tema en cuestión. Me vuelvo un fanático, pongo el cien por ciento de mi atención en ello; en una palabra, me vuelvo un *freak*, dejo de inventar excusas y pongo manos a la obra. Es más, olvido que tengo otras opciones.

Comprometerte es tan simple como escoger un lugar para estacionarte. Escoge un espacio, entra en él y sal de tu carro, no te quedes mirando para ver si encuentras otro lugar. Comprométete y hazlo. El compromiso significa tomar una decisión firme, dejar de hacerte preguntas y seguir adelante con tu decisión.

Por ejemplo, una vez que te comprometiste con una pareja, mi mejor consejo es que dejes de buscar otra persona. Toma lo que tienes y trata de sacarle el mayor provecho. Es probable que en la vida puedas encontrar una persona más bonita, más inteligente o más alegre, pero eso no es compromiso; compromiso significa poner todo de ti, dejar de buscar y hacer de tu pareja la persona más bella, más inteligente y más feliz. Por mucho, yo prefiero comprometerme con alguien equivocado que encontrar a la persona correcta y comprometerme a medias.

Sólo comprométete y ya. Tan fácil como eso.

La envidia

El tipo que cree que el pasto del jardín del vecino siempre se ve más verde que el suyo es el tipo que nunca se compromete para cuidar su propio jardín. Esa persona está destinada a ser un mediocre y un miserable. En primer lugar, ¿qué hace viendo el jardín del vecino? ¡Él ya tiene un jardín que necesita cuidar! Recuérdalo, es posible que haya pastos más verdes, pero lo son porque alguien se comprometió con ellos. El pasto crece en cualquier lugar y si no te comprometes por completo abandonas tus intereses. Cuando abandonas tus intereses, estos dejan de agradarte y entonces comienzas a espiar la vida de los demás y crees que es mejor que la tuya. Si es así, se debe a que ellos sí se comprometieron. Así que comprométete con tu carrera, comprométete con la necesidad de aprender de ventas, comprométete con tus productos, servicios y tus empleados. Comprométete para aprender todo lo que sea posible y entonces podrás sentarte a mirar cómo el pasto de tu jardín comienza a reverdecer.

Siempre que me comprometo con una línea de acción tengo resultados inmediatos. En cambio, cuando no me comprometo por completo, los resultados llegan a cuentagotas o a veces simplemente no llegan. Si yo me comprometo al cien por ciento con el cliente que tengo frente a mí obtengo resultados; pero, cuando estoy frente a un cliente y pienso en otro o deseo que se tratara de uno mejor, no soy capaz de sacarle todo el jugo a la situación. Comprométete, comprométete por completo, no existe otro camino.

Cuando dicto seminarios suelo usar un pin dorado en mi saco que dice "100%". Alguna vez un vendedor me preguntó si lo usaba para los clientes y yo le expliqué que, si bien era posible que un cliente que lo viera quedaría intrigado por su significado, no lo usaba por ellos, ya que cuando estoy con un cliente me visto de mí mismo. El pin es para recordarme que debo comprometerme por completo. Yo no me visto para mis clientes, me visto para mí, para sentirme bien y verme profesional. Uso el pin como un recordatorio de que estoy cien por ciento comprometido.

El compromiso es un asunto personal, es un requisito indispensable para obtener resultados en la vida y marcar una diferencia con el resto de las personas. Cuando tenía veinticinco años, me la pasaba asumiendo y olvidando mi carrera como vendedor. Esto duró más o menos cinco años; durante todo ese tiempo no dejé de buscar otra carrera. Falta de compromiso acarrea falta de resultados. En ese entonces yo aún no me había comprometido con las ventas y, sin lugar a dudas, no estaba orgulloso de mis logros ni de mi trabajo. ¿Cómo podía estarlo? Apenas era igual de bueno que el promedio de los vendedores. Yo era mediocre porque no tenía compromiso. Y porque no tenía un compromiso, no obtenía resultados. Y como no obtenía resultados, no me gustaba mi trabajo. Éste era el círculo vicioso en el que me encontraba.

Si no estás orgulloso de tu trabajo, jamás serás exitoso. El grado de tu éxito determinará qué tan orgulloso puedes sentirte. El problema no es la carrera que hayas elegido, sino tu falta de compromiso.

Después de muchos años de ser un mediocre, un día decidí que las ventas no eran el problema, el problema era yo. En ese momento me entregué y aprendí todo lo que necesitaba saber sobre ventas. Entonces me puse el objetivo de ser mejor que el resto para que nunca más me compararan con los demás. Decidí volverme un profesional y ser diferente del vendedor promedio.

Ése fue el momento en que todo cambió para mí y cambió de inmediato, casi por arte de magia. De pronto, mi energía cambió, mi forma de vestir cambió, mis acciones y mis hábitos cambiaron; cambió mi lenguaje y cambiaron mis resultados. En un instante, el pasto de mi jardín se volvió más verde. Parecía un cambio casi espiritual. Corrijo, *fue* un cambio espiritual, profundamente dramático. Ésa es la magia del compromiso.

Si quieres ser exitoso en cualquier cosa, debes comprometerte, tienes que dar el cien por ciento de ti. "Quemar las naves" es una expresión que resume el tipo de actitud que debes tomar para llegar al lugar que quieres y asegurar los resultados. Métete al juego con la idea de que tu vida va en ello (si lo piensas bien, realmente es tu vida la que está en juego). Hacer realidad tus sueños depende de tu compromiso. Ésta es la manera en que yo hago cualquier cosa de la que espero obtener grandes resultados. Ésta fue la manera en que yo me acerqué a mi carrera como vendedor y, en el momento en que asumí tal actitud, mi vida cambió por completo.

Nunca olvidaré la primera vez que experimenté la magia y el poder del compromiso. Fue un verano en que trabajaba en un bote varado en la costa, como parte de un equipo de mantenimiento de una plataforma petrolera. Era en la costa de Luisiana y todos nosotros acostumbrábamos sentarnos a esperar a que nos llamaran desde la plataforma. Mientras lo hacíamos, pasábamos el tiempo pescando desde el bote. Uno de esos días tuvimos especial suerte y pescamos cientos de huachinangos. Mientras los guardábamos en una pequeña hielera que teníamos en el bote, escuché a uno de mis compañeros que quería llevarse algunos pescados para comerlos en casa.

Por alguna razón, le ofrecí a todos los demás comprarles sus pescados, con la idea de que después podría venderlos. En ese entonces, nunca antes en mi vida había vendido algo y realmente no sabía nada sobre vender pescados. Ni siquiera sabía a quién se los iba a vender, lo único que te puedo decir es que mi instinto me dictaba que era muy probable que alguien más quisiera comprarme esos bellos ejemplares.

Ya con los huachinangos apilados en la cajuela de mi camioneta, me di cuenta de que necesitaba crear una necesidad, encontrar clientes y buscar la manera de convencerlos para que me los compraran. Debía pensar rápido porque el hielo se derretía. Iba a perder todo mi sueldo si no movía el producto inmediatamente. Mientras pensaba cómo hallar a mis clientes, recordé que algunos evangelizadores y vendedores de Biblias tocan de puerta en puerta, reflejando un compromiso admirable. Se hacía tarde y decidí que, si tocar de puerta en puerta le daba resultado a los vendedores de Biblias, también podía darme resultados a mí.

Mientras el hielo se derretía, recorrí un vecindario tras otro gritando que vendía pescado fresco. Después de llamar a la puerta, explicaba muy rápido que los huachinangos los acababa de pescar en el golfo esa misma mañana y eran los mejores ejemplares que se podían encontrar. Después de recorrer todas las casas de la zona, comencé a visitar distintos negocios, en los que encontré aún más clientes a quienes les vendí el resto de los pescados. Todo esto lo hice antes de que el último cubo de hielo se derritiera. Ese día aprendí el valor del compromiso, me volví un fanático y aprendí la mentalidad del "tiene-que-hacerse-y-no-hay-de-otra".

Compromiso = resultados = felicidad.

Ese día gané más dinero con los pescados que todo lo que había ganado durante dos semanas enteras de trabajo. Este descubrimiento llegó como resultado de mi compromiso para vender esos huachinangos. De pronto, me encontré en una situación límite, tuve que venderlos o perder mi dinero. Después de esa experiencia me quedé enganchado con las ventas, pero tardé aún siete años más en convertirme en un profesional.

Lo primero que debes hacer es comprometerte con aprender a vender, sin importar cuál sea tu trabajo o tu carrera. Comprométete ahora mismo y comienza a ver lo que ocurre. El compromiso es mágico y nada fabuloso ocurrirá hasta que no te comprometas. Muy poca gente emprende sus proyectos con urgencia y con la actitud de "se-tiene-que-hacer-a-chaleco"; por lo tanto, casi nunca terminan de hacerlo. La mayoría de la gente no se compromete al nivel de un *fanático*, por lo tanto nunca llegarán a ser personas *fantásticas*.

El poder de la predicción

El momento en que di el paso para convertirme en un profesional (tras la decisión de comprometerme y ser un devoto de mi trabajo), comencé a estudiar todo lo relacionado con ventas. También empecé a tomar notas de todos mis encuentros con los clientes, incluso llegué a grabarme en audio y video para estudiar mi actuación después, como hacen los futbolistas profesionales. En ese momento no podía saberlo, pero fue así como adquirí la habilidad de predecir el futuro inmediato.

Predecir significa saber qué pasará después. Debo reconocer que me tropecé azarosamente con esta habilidad y de pronto me sorprendí a mí mismo pudiendo predecir con gran exactitud lo que pasaría después. Así comencé a saber qué tenía que hacer durante el día para garantizar un cierto nivel de ingresos. Gané la habilidad de predecir a cuánta gente debía atender para ganar cierta cantidad de dinero. Después empecé a saber qué palabras utilizar para convencer a los clientes. Era capaz de anticipar sus objeciones y ocuparme de ellas *antes* de que éstas ocurrieran. Parecía como si las cosas pasaran en cámara lenta y yo supiera hacia dónde se moverían los jugadores de un partido de futbol. La habilidad de predecir los resultados es el primer síntoma de que te has vuelto un profesional. Cuando yo adquirí esta capacidad, supe que estaba en camino de conseguir mis objetivos.

La predicción es el gran secreto de los profesionales, y muy pocas veces se reconoce como tal. Es más, nunca he escuchado que se hable sobre ella y sin embargo sé que existe. Lee alguna historia de un gran atleta y verás cómo en cierto punto hablará sobre su capacidad para saber con certeza qué ocurrirá después, antes de que realmente ocurra. Wayne Gretzky y Michael Jordan, por ejemplo, han hablado de cómo podían predecir lo que haría el contrario y cuál sería el resultado de este movimiento.

Hace algunos años me dediqué a venderle cosas a un grupo de multimillonarios. Muy pronto me di cuenta de que debía hacer mi presentación en muy poco tiempo, pues para este tipo de personas el tiempo vale oro. En una ocasión en que hablé con uno de ellos por teléfono, supe de antemano que lo primero que me iba a decir era que sólo tenía un minuto para explicarme. Tras haber predicho esta respuesta, pude reaccionar sin siquiera tener que pensarlo. Tiempo atrás ya había estudiado la manera de interactuar con este tipo de gente y por ello es que ya estaba preparado con una serie de soluciones. Este cliente en particular comenzó muy agresivo conmigo y hoy, en cambio, es uno de mis mejores compradores; más aún, es una de las personas que me apoyaron para convertirme en entrenador de vendedores.

¿Cómo es que uno puede ganar la herramienta de saber predecir? Debes observar todo lo que ocurre a tu alrededor de manera acertada y sin emociones de por medio. Después, tomar notas de ello. La habilidad de predecir el futuro inmediato es fruto de asumir la responsabilidad por lo que ocurre y tener la certeza de que puedes controlarlo. Tienes que poner toda tu atención en tu interacción con los clientes, grabar esos encuentros y ubicar los patrones de conducta.

En cuanto comencé a grabar mis conversaciones telefónicas con los clientes, empecé a desarrollar mi habilidad para reconocer patrones. Fue así como desarrollé mi capacidad para predecir. Fue tan rápido y tan sencillo. En esa época solía cargar conmigo una libreta en la que anotaba todas las objeciones que me hacían los clientes. Después estudiaba esas notas y me daba cuenta de que muchos de ellos decían cosas similares. Había tomado conciencia y era capaz de encontrar soluciones. Fue realmente sorpresivo lo rápido que me volví tan consciente de las cosas. Un cliente me decía algo y yo lo apuntaba en mi libreta. El siguiente cliente me decía lo mismo y yo volvía a apuntarlo. En el momento en que me dediqué a observar lo que pasaba y a tomar responsabilidad de ello, fui capaz de predecir lo que otros clientes me dirían. Más importante aún, estaba preparado para responder. Tenía control porque poseía conocimiento. El saber es fundamental para conseguir lo que quieres. Conocimiento es sinónimo de poder y también significa recibir menos rechazos. Recibir menos rechazos es sinónimo de una mejor calidad de vida.

Mi eficiencia se duplicó por el simple hecho de observar. Conforme mi confianza se fue consolidando, creció mi conocimiento y mis ingresos se multiplicaron. ¡Saber predecir! Yo soy capaz de hacerlo y no porque sea un psíquico, sino porque he observado el pasado detenidamente. En aquel entonces no podía saberlo, pero la habilidad para predecir el futuro inmediato es uno de los primeros beneficios que uno recibe tras comprometerse por completo en algo. ¡De pronto fui capaz de ser el causante de las cosas, de estar consciente y alerta, de encontrar soluciones y predecir el futuro! Hasta que no te conviertas en un dedicado analista de tus interacciones con los demás, no podrás poseer esta habilidad. Cualquier verdadero maestro de cualquier profesión es capaz de predecir con gran precisión el futuro inmediato.

Una vez que tengas una idea del tipo de situaciones en que te vas a encontrar, comienza a grabarlas y a tomar notas al respecto. Trata de grabarte en video para que también te puedas observar a ti mismo. Yo comencé a estudiar mis palabras, mi tono de voz, mis gestos y, ¡boom!, tuve tanto qué aprender. Predecir es saber y saber es tener control de las cosas. Esto te dará confianza e incrementará tus ingresos. Saber vender es resultado de disfrutar tu trabajo, lo cual a su vez se traducirá en más y mejores ventas. Las victorias acarrean ganancias.

La única razón por la que no te gustarán las ventas (como carrera o como actitud ante la vida)

¿Quieres conocer la única razón por la que una persona no disfrutaría de las ventas? Sólo existe una verdadera razón, y no es la que te han dicho. No es por miedo al rechazo. Después de todo, ¿quién no le teme a esto? Tampoco es por holgazanería. Ante el fracaso todos nos volvemos apáticos y la gran mayoría de nosotros busca eludirlo. Ni siquiera es porque no te guste tratar con las personas. Todos nos volvemos muy sociables cuando somos exitosos.

¡La única razón por la que a una persona no le gusta lo que hace es porque no sabe qué está haciendo! Alguien que no logra ganar no sabe que hay algo que le falta hacer. Un médico que no puede salvar vidas dejará de disfrutar su profesión. Un maestro que no consigue que sus alumnos aprendan se frustrará tarde o temprano. Un vendedor que sencillamente no puede cerrar un trato odiará su trabajo. Cuando eres incapaz de entender algo, pierdes el control y cuando pierdes el control, ¡dejas de disfrutar lo que haces!

En 1995, conocí a un hombre llamado Scott Morgan con el que consideré asociarme. Yo tenía que hacer una presentación del negocio en Vancouver y le sugerí que me acompañara durante el fin de semana para conversar sobre nuestro acuerdo y esquiar un poco. Él nunca había esquiado, por lo que sugerí que tomara un curso para principiantes. Arrogante, infló el pecho y decidió que una clase para principiantes era muy poca cosa para él. A la mañana siguiente, subimos a la cima de una de las montañas nevadas de Whistler, una de las más grandes de Norteamérica. Ya arriba, Scott miró hacia abajo y luego me miró a mí; ambos nos dimos cuenta de que estaba en problemas. Él no sabía nada sobre esquiar, ¿cómo se suponía que iba a hacerlo? A pesar de que admiré su valentía, tomé conciencia de lo poco que él valoraba la utilidad del entrenamiento. Scott se tomó todo el día para bajar la montaña y, hasta donde sé, nunca más se ha vuelto a poner un par de esquís.

Cuando por fin llegó abajo, le sugerí que debíamos poner un negocio de entrenamiento para vendedores, con el objetivo de que nunca más un vendedor sufriera la experiencia que él acababa de padecer en esa montaña. En la actualidad, Scott y yo aún somos socios, él es una de las personas más persistentes que conozco y se ha comprometido por completo en la tarea de entrenar a otros vendedores para que sean capaces de llegar a la cima.

Llegar a ser el mejor

Un verdadero maestro de su arte es capaz de predecir el futuro inmediato y un gran vendedor sabe cómo determinar y predecir el nivel de sus ingresos. Si tú no eres capaz de incrementar tus ingresos, entonces no eres un profesional, hay algo de lo que no te das cuenta y no es posible que puedas predecir los resultados de tus acciones. La ventaja que te puede dar el hecho de predecir las objeciones y los obstáculos de tus clientes es más que evidente. Si eres incapaz de hacerlo, sencillamente no eres un profesional y esto se reflejará en tus ingresos.

Sin importar cuántos años lleves dedicándote a esto, si tus gastos son mayores a tus ingresos es obvio que tienes que reconocer que eres un *amateur*. Es tiempo de que te comprometas y te transformes en alguien que *sabe* lo que hace. Puede ser que me digas que soy muy duro, que estás en una mala racha, pero te equivocas, ésas son puras excusas. Lo cierto es que tu mala racha se debe a tu falta de entendimiento. Has nadado de muertito con tu catálogo de habilidades *amateurs* y eso se nota en los resultados que obtienes. Cualquiera puede vender un producto que está de moda. Cuando la situación se pone difícil en la economía o cuando la competencia en el mercado es fuerte, los *amateurs* se ponen a llorar, mientras los profesionales ganan más y más dinero. La gran diferencia es que el profesional está comprometido y sabe lo que hace, mientras al *amateur* le falta compromiso y no entiende ni una pizca de lo que debe hacer.

Un boxeador es considerado un profesional si le pagan por pelear. Si pierde todos sus encuentros, la gente dejará de pagar una entrada por verlo en el *ring* y el boxeador volverá a su estatus de *amateur*. Por decirlo de algún modo, será noqueado por su verdadera categoría. La gran mayoría de los empresarios son golpeados continuamente por la economía hasta que ésta los noquea y arruina sus negocios, debido a su falta de compromiso e ignorancia.

Desde mi punto de vista, tú no debes predecir qué puedes hacer para incrementar tus ingresos. Eres un profesional cuando puedes predecir los resultados y, de hecho, los consigues. Si sabes de qué se trata el juego, puedes dejar de confiar en la suerte, cosechar los frutos de tus esfuerzos y ponerte al tú por tú con los mejores competidores.

Hay tantas madres que se dedican a criar a sus hijos y nunca reciben un solo centavo por hacerlo. Sin embargo, el hecho de que una mujer sea una madre no significa que no sea absolutamente profesional. Créeme, la excepción a la regla lo demuestra: hay madres deambulando por ahí a quienes nunca se te ocurriría contratar para que cuiden a tus hijos.

Que sepas cocinar no significa que seas *chef*. Asimismo, el que nadie te pague por cocinar tampoco significa que no puedas ser un profesional. Mi hermana, por ejemplo, es una profesional de la cocina, no porque gane un salario por hacerlo, sino porque ella *sabe* lo que hace, *conoce* su cocina y sus utensilios, *entiende* los tiempos de preparación y *domina* todas sus recetas. Es mucho más que poder hacer un platillo y que éste sepa bien. ¡Por todos los cielos!, yo puedo replicar una de sus recetas, pero te aseguro que la cantidad de platos que voy a ensuciar, el tiempo que me llevará hacerlo y el esfuerzo que tendré que invertir no se comparan en lo más mínimo a los de ella. Yo soy un cocinero *amateur*, ella es una profesional, tiene la capacidad de predecir los resultados mientras cocina, yo no. Y esta habilidad la adquirió por su compromiso y por la constante observación de sus acciones.

Así como hay un montón de cocineros y madres *amateurs*, hay también vendedores que no merecen ostentar este nombre.

El simple hecho de que alguien se dedique a ello no significa que sea un profesional.

Si eres un golfista profesional, esto significa que cumples con los requisitos para competir con otros jugadores que, como tú, son capaces de usar su habilidad para conseguir resultados. Y el hecho de que seas un profesional no te hace ser el mejor.

Para ser el mejor debes practicar, no sólo jugar. Para ser el mejor golfista, tienes que comprometer cada fibra de tu ser en el juego y, aun así, ser consciente de que nunca dejarás de aprender. ¿Te das cuenta de la diferencia?

La gran mayoría de los vendedores son *amateurs,* algunos son profesionales y muy pocos son verdaderos maestros. En última instancia, todo se reduce a tu nivel de compromiso y dedicación. Los grandes saben predecir, lo cual se debe a su compromiso, su observación y su capacidad para encontrar soluciones. En la medida en que puedas predecir lo que pasará a continuación, serás capaz de plantear soluciones. La predicción es el mayor atributo de un vendedor.

Mientras más acertadas sean tus predicciones, más fácil te será estar capacitado para manejar una situación. Es como conducir un automóvil: si sabes anticipar lo que harán los otros conductores, serás capaz de evitar accidentes. No se trata sólo de que sepas conducir, sino de que puedas predecir lo que harán los otros. Observa y muy pronto aprenderás cómo hacerlo.

¿Recuerdas alguna época en que no sabías en qué consistía tu trabajo y de cualquier modo eras capaz de sacarlo adelante? Te faltaba seguridad, tus ingresos fluctuaban y de todas formas podías seguir adelante. Seguro de vez en cuando conseguías una venta, pero no sabías por qué. En cambio, cuando no lograbas cerrar un trato te quedabas desconcertado varios días. ¿Puedes recordar alguna ocasión en que incluso tuviste que provocarle lástima al cliente o debiste rogarle para que aceptara comprarte algo? Deja eso para los *amateurs* o para los empleados a quienes les pagan el salario mínimo y ponte a observar para que puedas llegar a predecir las cosas.

La observación es el único mecanismo con el que tendrás una visión estratégica del proceso de las ventas y es la única forma de adquirir la habilidad de predecir y ser uno de los grandes.

Recuerda, no importa cuál sea tu trabajo o tu posición en la vida, necesitas predecir. Sólo hay dos caminos en la vida: te sales con la tuya o no. Aun cuando no te dediques a vender cosas, observa cada vez que no consigas lo que quieres y toma notas.

Quienes comprendan por qué pueden vender algo sabrán cómo salirse con la suya, los que no, ¡no! ¿Estás listo para convertirte en uno de los mejores? ¿Tienes la capacidad para pagar el precio y ponerte a trabajar? Si dices que sí, te garantizo que tu vida cambiará dramáticamente, de forma muy rápida y ¡para siempre!

PREGUNTAS DEL CAPÍTULO 4

Define compromiso (busca la definición del autor y luego busca el significado de cada una de las palabras que él utiliza).

_____

_____

_____

_____

Escribe un ejemplo de algo en lo que no te hayas comprometido por completo y luego describe los resultados.

_____

_____

_____

Escribe un ejemplo de algo en lo que te hayas comprometido por completo y luego describe los resultados.

_____

_____

_____

_____

¿En qué consiste la capacidad para predecir? ¿Cómo se consigue?

_____

_____

_____

_____

¿Cuál es la única razón por la que una persona no disfrutaría poder vender algo?

_____

_____

_____

_____

5

LA VENTA MÁS IMPORTANTE

Saber venderte

Sólo en la medida en que te sepas vender podrás vender. Ésta es una verdad ineludible de la que no puedes escapar si quieres dominar tu profesión. Además, ésta es una de las mejores herramientas que tienes como vendedor y la puedes utilizar para analizar el estado en que te encuentras. La conclusión final es que, si no puedes vender bien, no te *estás vendiendo* correctamente. Si las ventas son flojas, si no te sales con la tuya, no te estás vendiendo. ¿Puedes encontrar una nueva excusa? Estás muy lejos de saber venderte.

Para convertirte en un gran vendedor tienes que ser capaz de venderte a ti mismo a través del producto que pones a la venta. Haz que todas las ventas sean la más importante de tu vida y continúa vendiéndote esta idea una y otra vez. ¡Tienes que ofrecerte por completo!

Conozco a muchos vendedores que saben los pormenores de su oficio pero no se ponen a sí mismos en el producto, el servicio o la compañía que representan. Debido a su falta de convicción, no son eficaces. Debes estar absolutamente convencido de que tu producto, tu servicio o tu compañía son infinitamente mejores que los demás. Muchos vendedores saben que sus productos son los mejores y, mientras otros ofrecen beneficios similares, el suyo ofrece algo más. Es forzoso que estés cien por ciento seguro de que lo que vendes es mejor que cualquier otra opción en el mercado. Un farsante nunca conseguirá resultados constantes, pues no es capaz de ponerse a sí mismo en el producto que vende.

Este punto es fundamental para alcanzar la grandeza, y es irrebatible. Debes estar tan convencido y creer tanto en lo que vendes que hasta te tienes que volver irracional. Así es, irracional, incluso fanático. Tienes que convencerte de que ningún razonamiento lógico puede contradecir la calidad de lo que vendes. Con esto no quiero decir que te vuelvas arrogante, sino que te vendas a ti mismo a través del producto que ofreces. Ni siquiera debes dejar abierta la posibilidad de que algo más puede competir contra ti, lo cual no quiere decir que no lo intentarán, pero debes estar tan seguro e involucrarte tanto que sea imposible que alguien más te haga cambiar de opinión.

A través de mi carrera he vendido productos más caros que todos mis competidores directos. También he ganado más dinero con productos similares a los de mis competidores, pues creo tan fervientemente en mis servicios, en el nivel de mi atención y en la superioridad de mis productos, que para mí nunca importó si esto era una verdad para ellos. Mientras vendía cosas más caras que mis competidores, nunca creí pedirle a mis clientes que pagaran un precio que yo no estaba seguro de ser el correcto.

A lo largo de los años me han acusado de pedir cifras astronómicas por algunos productos que vendo. Mis críticos creen que lo hago así para ver si puedo conseguir mucho más de lo que mis productos realmente valen, pero la verdad es que en toda mi carrera nunca he fijado un precio de esta manera. Siempre que decido un precio lo hago convencido de que mi producto lo vale y de que mediante él yo me estoy vendiendo.

La convicción es el parteaguas de cualquier negociación

Hace algunos años me puse a vender una casa que el mejor corredor inmobiliario tasó en seis millones de dólares. A pesar de eso, yo le pedí que la pusiera en el mercado a 8.9 millones, porque creía que su ubicación era fantástica y realmente estaba convencido de que ése era su valor real. Lo creía así, pues yo hubiera pagado ese precio para comprarla. Dos meses después, vendí la casa y todos en el vecindario me amaron. Un año después, el dueño la puso a la venta por diez millones de dólares. Como puedes ver, no fue hasta que yo le di su verdadero valor a la casa que otros también pudieron ver lo mucho que realmente valía.

La convicción que tú puedes tener sobre tus propios productos es más importante que la información o los cálculos que otros hagan sobre ellos.

La palabra convicción significa tener una firme creencia, y proviene de la palabra convencer, que es una derivación de la palabra latina *convict*, que significa conquistar.

La convicción es la habilidad para estar tan firmemente convencido de tus creencias que eres capaz de demostrárselo a tu comprador de manera tan clara que a éste le parece que no existe otra opción posible.

Una venta se hace cuando tu convicción y tus creencias acerca de algo son más fuertes que las de otra persona, a tal punto que lo convences de que tú tienes la razón. Ése es el momento en que una venta se hace posible. Hasta ahora, ni siquiera estoy hablando de un producto o de un servicio, sino de la convicción que una persona puede tener de sí misma. Lo importante aquí es comprometerte por completo con tus creencias y demostrar que tú eres el que más firmemente cree en ellas. Si lo haces así, siempre habrá alguien dispuesto a comprártelas.

Un soldado de la marina estadounidense está tan convencido de su misión y de las causas que la originan que es capaz de hacer cosas que a otros nos parecen dignas de un superhombre. Él está convencido de la necesidad de actuar de esa manera y, de hecho, lo hace porque se vendió a sí mismo su misión. Él no piensa, él opera. No tiene que pensar porque ya tomó una decisión y cree en ella en lo más profundo de su ser. Es por esto que es capaz de hacer cosas que parecen imposibles.

Alexander Graham Bell fue considerado un loco cuando comentó a otros su idea de inventar un aparato que transmitiera las voces de las personas a larga distancia a través de cables. Mucha gente le dijo que su invento, el teléfono, era imposible de hacer. Pero eso es lo interesante acerca de lo imposible, es imposible hasta que alguien lo hace posible. Mira la fotografía, los aviones, los viajes en el espacio, el correo electrónico, el internet, etcétera, todas estas cosas fueron consideradas imposibles hace algún tiempo, hasta que alguien se vendió la idea de lograrlas y las hizo posibles.

¿Por qué algunas personas hacen cosas que otras ni siquiera imaginan? Porque se han vendido la idea de que necesitan hacerse, al grado de que se vuelven irracionales en su búsqueda y no cesan hasta que tienen éxito.

A pesar de que en nuestra sociedad se promueve que la gente sea razonable y sensible, estas características no te ayudarán en las ventas ni en la vida. Si en realidad quieres que algo grande ocurra, debes ser irracional, incluso si esto significa convencerte a ti mismo de que lo que tú tienes es mejor. Aquí no estamos hablando de un asunto trivial o un pasatiempo como andar en bicicleta. Cualquiera puede aprender a andar en bicicleta. Estamos hablando de convertirte en el mejor de todos y, para hacerlo, debes venderte a ti mismo de manera irracional la idea de que tus mercancías, la empresa a la que representas y tus ideas son superiores al resto.

Quizá te estás preguntando si para llegar a este grado de irracionalidad debes volverte loco para alcanzar el éxito. La respuesta es no. Ser irracional implica una decisión: si una persona parece actuar como una loca, eso no significa que esté loca, sino que decidió actuar como si lo estuviera.

Si te vendes a tal punto tus ideas que crees irracionalmente en ellas y no puedes concebir que tu cliente tenga otra opción más válida que la tuya, esto no significa que haya algo mal en ti. Significa que eres irracional en tus convicciones.

Ser irracional significa haberte vendido a ti mismo tus propias mercancías, y es esta convicción, y no otra, la que de hecho hará que logres vendérselas a otros clientes.

Debes estar completamente convencido de esto para maximizar al extremo las oportunidades que se te presentan. Ni siquiera intentes venderle a alguien más algo que no te has vendido a ti mismo. En la medida en que lo hagas, se te facilitará vendérselo a alguien más. Cada vez que te cueste trabajo conseguir lo que quieres, analiza qué tan convencido estás de lo que vendes.

Quizá te ganen las dudas, o quizá escuchaste o viste algo que te causa un poco de confusión. Sea lo que sea, encuéntralo y tíralo a la basura.

Si no estás convencido de tus propias mercancías, les tienes alguna crítica o crees que no serán del agrado de tus clientes, considérate listo para el fracaso. Debes vendértelas. Debes deshacerte de todas las consideraciones negativas y creer que son las correctas, que tu producto es el más indicado y es el que mejores beneficios dará al cliente que está frente a ti. Es absolutamente fundamental que hagas todo lo posible por convencerte a ti mismo de que tu mercancía debe ser vendida al precio que tú le pongas.

¿Por qué alguien debería endeudarse para comprar el producto que tú le ofreces? ¿Por qué deben elegir el tuyo en lugar de otro diferente? ¿Por qué debe comprarlo ahora y no esperar un momento? ¿Por qué deben pagar más por lo que tú les ofreces en lugar de buscar algo más barato? ¿Por qué elegirte a ti en lugar del tipo que está en la siguiente esquina? ¿Por qué preferir tu compañía sobre las otras? Si no eres capaz de responder estas preguntas, eso significa que aún no estás convencido. Si ya te hubieras vendido a ti mismo la idea de que lo tuyo es lo mejor, tendrías una respuesta inmediata.

Véndete a ti mismo esta convicción al punto de que sea irresistible para los demás. Esto no significa que te debas mentir, si es que eso fuera posible. A lo largo de mi carrera he conocido a grandes vendedores y ninguno de ellos ha llegado a la cima por engañar a la gente. Lo único que te sugiero es que te tomes el tiempo de venderte a ti mismo tus propios productos antes de que intentes convencer a alguien más de que tus mercancías son las mejores que hay.

Sobreponerse al fenómeno de los noventa días

A lo largo de los años he conocido a muchos vendedores que afirman que ninguna buena racha dura más de noventa días. Como si, en el momento en que se cumple el plazo, fueran incapaces de cerrar un trato. ¿Qué les pasa? Un directivo te podrá decir que esto se debe a que se volvieron flojos o se están pasando de listos. Está bien, se volvieron flojos, pero ¿por qué? No eran flojos antes y noventa días no son suficientes para saber tanto de un negocio que uno pueda pasarse de listo.

Yo creo que este fenómeno ocurre porque a la persona en cuestión se le pidió que hiciera algo que no se alineaba con su ética personal o porque quiere vender algo de lo que no está completamente convencido. Es posible que en este periodo haya dejado de creer en el producto que vende. Tal vez se deba a un desencuentro con sus jefes o a que no recibe algo que le prometieron que recibiría. De cualquier forma, esta persona encuentra problemas para hacer algo que hacía días atrás... ¡algo tuvo que cambiar!

Puede ser que haya recibido información que le diga que su mercancía no ayuda a las personas o no hace lo que se supone debe hacer. Tal vez, en algún punto no pudo cerrar un trato y desde entonces se la pasa preguntándose el porqué, de manera que no deja de sugestionarse. Esto puede ser un problema grave. Los vendedores suelen encontrar respuestas falsas a sus predicamentos y hacer uso de ellas constantemente para resolver sus problemas.

Sea lo que sea que le ocurre al vendedor en cuestión, el caso es que es incapaz de seguir vendiendo. De hecho, sí puede vender, pero no lo que él quiere. Tan es así que lo que ahora vende este vendedor es la convicción de que no es buena idea comprar sus productos. No vender es lo mismo que vender, pero a la inversa. Algo ha afectado a nuestro vendedor en cuestión de manera que su motivación ahora está en no vender, en lugar de lo contrario. ¿Te das cuenta? En el camino extravió algo y no puede recuperarlo.

Cuando la productividad de un vendedor disminuye, es momento de que te fijes en él y lo hagas recapacitar. Esta persona necesita revitalizarse y convencerse de la calidad de su producto, su compañía o los servicios que ofrece. Revisa con él todos los puntos en los que su mercancía es superior a las demás y cómo beneficia a las personas. Trata de ubicar si tiene algún conflicto de intereses, si está en desacuerdo o si posee alguna información falsa sobre el producto, la compañía o el servicio. Una vez que lo hagas, pregúntale cómo se sentía cuando hacía las cosas bien y verás que muy pronto recuperará la confianza en sí mismo para volver a cerrar un trato.

Es increíble la cantidad de vendedores que me cuentan historias de competidores que venden los mismos productos a un costo más bajo o de cómo los clientes pueden encontrar las cosas a un mejor precio por internet. Hace poco leí el libro *Secrets of Successful Selling (Secretos para vender exitosamente)*, en el cual se afirma que la competitividad ha alcanzado niveles nunca antes vistos y se explica cómo los consumidores ahora son tan conscientes que demandan de los vendedores niveles de efectividad muy altos. Aunque no lo creas, este libro se publicó en 1952, lo cual demuestra que la competencia siempre ha estado ahí. El problema no yace en el desconocimiento de los productos, de la competencia o del grado de conciencia de los consumidores. El problema está en si te has vendido o no el producto que ofreces.

Convéncete del valor de tus productos, de tu compañía o tus servicios a tal grado que te sea imposible imaginar que tu cliente pueda buscarlos en otra parte.

¿Te has vendido a tal punto tus productos que puede llegar a parecerte poco ético o contraproducente que alguien más no piense en adquirirlos? Alcanza ese punto y sé el primer testigo de cómo tu productividad se eleva a los cielos. Cuando llegues a este punto, en realidad te sentirás mal cuando un cliente decida no comprarte algo. Eso es estar convencido, y una persona que está absolutamente convencida no dejará que un cliente no le haga caso, por el simple hecho de que llegará a parecerle una violación a su propia integridad. Alcanza ese nivel de convencimiento y te aseguro que la gente no dudará en comprar lo que les ofreces.

Puede ser que te preguntes qué hacer si de entrada no estás convencido de que tu mercancía sea la mejor o de que tu servicio no es el más óptimo. Es muy sencillo: convéncete... y hazlo ahora mismo. Haz lo que sea necesario para convencerte de que es así. Encuentra los pros y véndetelos a ti mismo.

Pongamos un ejemplo. Un hombre casado que desea tener una mejor relación. Quizá ya no le preste suficiente atención a su esposa y a lo largo de los años perdió el compromiso por ella y la pasión. ¿Qué pasó? Básicamente, ya no se vende más la idea de que su relación es la mejor de todas. Sin embargo, hubo un tiempo en que sí lo creyó, tan es así que quiso casarse con ella para pasar a su lado el resto de sus días. En algún punto dejó de venderse la idea de su propio matrimonio.

Si quieres que tu matrimonio funcione mejor, entonces convéncete de que tienes la mejor esposa del planeta. ¿Por qué es la mejor? ¿Qué la diferencia del resto? ¿Qué la hace única y diferente de cualquier otra mujer? ¿Qué es lo que te quieres vender? ¡Quema los frijoles, se ve horrible cuando se despierta y tiene los pies muy grandes! Haz a un lado lo negativo y busca lo que te gustó de ella en un principio. Vuélvetela a vender otra vez. Encuentra sus pros e ignora sus imperfecciones. Una vez más, haz lo que hacías al principio de la relación y reflexiona en lo que ha cambiado. Te vas a sorprender ver lo que ocurre. De pronto, te hallarás casado con una mujer que ya no quema los frijoles, se ve espléndida en las mañanas y sale en busca de una pedicura y a comprarse unos hermosos zapatos.

Véndete o deja que te vendan

¿Tienes que mentirte a ti mismo? Por supuesto que no, pero debes saber venderte y lo demás no importa. En lugar de mentirte a ti mismo, una mejor alternativa es hacer lo que hacen los campeones: ellos deciden ganar el juego con lo que tienen. Ellos no cambian de equipo, más bien, le sacan el mayor jugo posible a las cualidades y las fortalezas de sus compañeros. Ellos juegan con las cartas que tienen y sacan lo mejor del pozo. No se mienten a sí mismos, más bien se convencen de que la única solución posible es ganar y se comprometen a tal punto con esta convicción que, al final, no hay cabida para otro resultado.

Cualquiera que sea el juego en que estés, concéntrate en ganar. Véndete a ti mismo la serie de cosas que debes hacer para volver al presente un momento espectacular y hacer maravillosas tus relaciones, tu vecindario, etcétera. Haz que tu vida sea grandiosa, véndete esta necesidad y encuentra todos los pros posibles para convencerte de esta idea.

David venció a Goliat no porque haya tenido una posibilidad de hacerlo, sino porque estaba convencido de que no tenía otra opción. ¿Se dijo una mentira? Por supuesto que no. Se volvió un convencido de que su supervivencia dependía de vencer al gigante. Eso es lo que debes hacer. Véndete y comprométete con el hecho de que posees un producto o un servicio superior a cualquier otro. Debes estar tan convencido de esto que puedas decírselo a los demás con tal fortaleza que nadie sea capaz de cuestionarte.

Predica con el ejemplo

Una vez, un agente inmobiliario me quiso convencer de una inversión que se suponía era una gran oportunidad para mí. Durante un buen rato se la pasó diciéndome todos los beneficios que me daría cierta propiedad, pero no me convencía porque *él* no parecía convencido. Le faltaba la certeza de alguien que está completamente a favor de lo que vende. Como cualquier cliente no satisfecho, comencé a hacerle preguntas. La verdad es que yo no dudaba del negocio, sino de la persona que me lo ofrecía. Había algo extraño en su forma de vestir y en su manera de presentármelo, hablándome atropelladamente y demasiado fuerte. Ese agente parecía un "vendedor", no alguien que está completamente seguro de su mercancía. Finalmente le pregunté:

—Si es que de veras es tan buena inversión, ¿cuántos has comprado tú?

Con cara de tonto, el vendedor me respondió que ninguno.

Puede ser que mi pregunta te parezca injusta, pues quizá el agente no era capaz de pagar por algo así. Pero, si era una inversión tan buena y tan segura como él me dijo, ¿por qué no invertir en ella todo su dinero, el dinero de sus hijos, el de sus padres y el de sus amigos? Si era algo tan *seguro,* no pondría en riesgo el patrimonio de nadie. Si lo que ofreces es la gran cosa, ¿no tiene sentido que tú estés dispuesto a comprarlo?

Al poseer el producto que ofreces, demuestras certeza a los demás gracias a tus actos, y los actos son más convincentes que las palabras. Ésa es la diferencia entre un "vendedor" convencional y alguien que está plenamente convencido. ¡Es increíble la cantidad de gente que vende cosas que no ha comprado! A lo largo de mi vida he adquirido todos los productos que vendo y me siento orgulloso de decírselo a mis clientes.

Obviamente, no se trata de comprar todos los productos que ofreces, sino de que *desees* tenerlos.

Debes estar convencido de que usas tus productos, los consumes y se los venderías a tus seres queridos. De otra manera, no eres más que un mercenario que vende lo que sea con tal de sacar una tajada.

Venderle hielo a un esquimal

Yo me considero un gran vendedor, pero eso no significa que soy capaz de vender cualquier producto. Tu falta de interés o desacuerdo con algún producto determinará tu capacidad para venderlo.

Por ejemplo, no soy capaz de venderle hielo a un esquimal, como dice el dicho, pues no encuentro la necesidad de hacerlo. No puedo ni sería capaz de venderle drogas a los niños, por más dinero que estuvieran dispuestos a pagarme. Nunca podré estar convencido de que una persona que se droga sea capaz de resolver sus problemas y tener una buena vida. Yo sólo puedo vender aquello en lo que creo.

En una ocasión se me acercó un vendedor de seguros de automóviles para pedirme un consejo. Lo primero que le pregunté fue cuándo había comprado un carro nuevo. Él me respondió que recientemente había adquirido uno y comenzó a describirme lo mucho que le gustaba. Ya que él mismo era un reciente comprador, su convicción por tener un auto nuevo se reflejaba cuando hablaba de su propia experiencia. Era evidente que sus palabras salían de su corazón. Entonces le pregunté qué seguro había comprado para ese auto nuevo y, con una sonrisa, reconoció que no lo había asegurado, pues quería ahorrarse unos pesos. La verdad es que no lo había hecho porque no estaba convencido de la utilidad del producto que él mismo vendía. Y, como no estaba convencido de esta utilidad, era incapaz de vendérsela a otros. Quizá creas que estoy mal y que el vendedor sólo quiso ahorrarse unos pesos, pero piénsalo, si el vendedor estuviera convencido de la utilidad del seguro, jamás pensaría en no adquirirlo. Tan sencillo como esto: si sabes que una cosa es valiosa, la compras. ¡No hay excepción a esta regla!

Si tienes un problema semejante, no te preocupes, se arregla fácilmente y no requiere que sepas nada acerca de ventas. Lo único que debes hacer es adquirir los productos que ofreces y ver cómo tu efectividad se incrementa. La gente se inclina a hacer lo que otros ya hicieron. La gente está dispuesta a ir a tu quiropráctico, concertar una cita con tu doctor, contratar a tu sirvienta o ir a ver un película sólo porque tú ya lo hiciste. Según qué tan convencido estés serán tus acciones y según tus acciones se determinará tu habilidad para vender.

Te aseguro que el agente de bienes raíces del que te comenté antes hubiera sido más eficiente si me hubiera podido demostrar con sus acciones que él ya había hecho la inversión que me ofrecía a mí. Así, hubiera sido capaz de convencer a sus clientes y demostrarles que predicaba con el ejemplo. Por cierto, este agente tuvo a bien tomar mi recomendación y sus ingresos se cuadruplicaron.

El punto vital

El punto vital de contar con vendedores que se hayan vendido a sí mismos sus propios productos es inadvertido por noventa por ciento de los gerentes. Ve a una tienda de Mac y pregúntale a los vendedores si les gustan sus productos. Estas personas están tan convencidas de las mercancías que ofrecen que a veces parecen pertenecer a una religión. Quienes venden Mac no usan PC en su casa; están convencidos de Mac y puedes notarlo cuando te enseñan sus productos.

Una vez fui a un restaurante de cortes finos y pregunté a la mesera cuál me recomendaba. Entonces, me dijo que ella... ¡era vegetariana! ¿Hola? ¿Hay alguien ahí? ¿Puede llamar al gerente, por favor? ¿Qué hace esa persona ahí?

Yo nunca contrataría a un vendedor que no esté dispuesto a comprar y usar el producto que ofrece. Tampoco contrataría a un vendedor que alega no comprarlo porque dice no tener dinero suficiente. Dales una tarjeta de crédito o un plan de pagos y véndele el producto para que, entonces sí, le pueda decir a otras personas que no le importó endeudarse con tal de tenerlo.

Además, tampoco contrataría a un vendedor que no está dispuesto a gastar dinero. Si una persona no gasta lo suficiente o es muy tacaño, entonces tendrá problemas a la hora de convencer a los demás de que gasten su dinero. Yo te aseguro que, mientras menos fijado seas con el dinero, éste llegará a ti más fácil. Conozco a vendedores que son tan codos que aún conservan el cheque de su primera comisión. Mientras alardean de tenerlo, yo estoy convencido de que sus ingresos deben ser tan bajos que se fijan en cada centavo que ganan.

¡Si no estás dispuesto a comprarlo, entonces no estás convencido! Si eres incapaz de superar la simple prueba de adquirir lo que vendes, nunca serás capaz de vendérselo a otros en grandes cantidades.

Te vuelves poderoso cuando estás a punto de cerrar un trato y miras a tu cliente con la confianza de que tú ya hiciste esa misma compra. Tu convicción personal y tu credibilidad te llevarán a nuevas alturas. Compra el producto para ti y te volverás un vendedor extraordinario, capaz de responder a posibles objeciones como ningún otro. Convéncete plenamente del valor y el uso de tus productos, tus servicios y tu empresa, y mira cómo tus clientes potenciales se transforman en clientes reales.

PREGUNTAS DEL CAPÍTULO 5

¿Cuál es la venta más importante que debes hacer?

_____

_____

_____

_____

Menciona cuatro cosas de las que tienes que estar convencido en la vida.

1. _____

2. _____

3. _____

4. _____

Define la palabra _irracional_.

_____

_____

_____

_____

¿Cuál es, según el autor, el parteaguas que define una venta? (Defínelo.)

_____

_____

_____

_____

Escribe tres lecciones que te haya dado la vida para sugerirte que debes ser racional.

1. _____

2. _____

3. _____

Según el autor, ¿qué tan convencido debes estar sobre los productos que ofreces?

_____
_____
_____
_____

6

EL MITO DEL PRECIO

Casi nunca es por el precio

Si pudieras encuestar a todos los vendedores del mundo, te encontrarías con que la gran mayoría cree que la principal razón por la que pierde una venta es por el precio. Esto es completamente falso, de hecho, no puede haber nada más alejado de la realidad.

El precio no es la preocupación más importante de un comprador. En realidad, es una de las cosas que menos le importa. La mayoría de las ventas se frustra por razones no dichas y mucho menos obvias que el precio, el tipo de pagos o presupuestos. Se trata de cosas que el cliente no dice en voz alta. En última instancia, cerrar una venta no es un asunto de dinero, sino de que el consumidor adquiera la confianza de que un producto es el indicado para él.

Si encuentra una diferencia de precios, lo que el comprador quiere es una garantía de que tu producto le da alguna ventaja que justifique la diferencia.

El experimento del precio

La gran mayoría de los vendedores cree que, si el precio de sus productos fuera más bajo, podría vender más. La verdad es que no podrían vender más porque se equivocan al ubicar el problema y, por ende, no harán nada por solucionarlo. Alguna vez un vendedor me dijo que, si el precio de mis seminarios se redujera a la mitad, podría vender el doble de entradas. A pesar de saber que lo que el vendedor me dijo era una idiotez, decidí practicar el principio de "el cliente siempre tiene la razón" y le respondí que yo tenía la misma duda y me gustaría hacer un experimento para comprobar su teoría.

Así, cuando llegamos a Detroit, los boletos de mi seminario costaban una décima parte de su precio normal. Detroit es una de las ciudades en las que más público cautivo tengo y el vendedor en cuestión creía que mi seminario iba a estar atestado de gente. Estaba realmente feliz y la única estipulación que pusimos a nuestro arreglo para comprobar su teoría era que él podría vender los boletos a través de *flyers* y artículos promocionales, pero no mediante entrevistas personales. Debido al bajo costo de nuestros boletos, no nos podíamos dar el lujo de ofrecer también visitas a nuestros compradores.

Una vez pasada la presentación, te puedo decir que es el seminario en el que menos público he tenido a lo largo de mis veinte años de experiencia. En mis honorarios yo ni siquiera incluí el costo del boleto de avión y las comisiones de los vendedores no cubrían los gastos del correo postal para el envío de las entradas. Aproveché para preguntarle a la audiencia por qué creían que había tan poca gente y las pocas personas que estaba ahí me contestaron que en realidad creían que yo no me iba a aparecer. Al comprar sus boletos, supusieron que se trataba de un seminario a larga distancia. Si el precio baja mucho, la gente no le encuentra valor al producto. Además, si el precio fuera el único factor de decisión de un comprador, las compañías no necesitarían vendedores y el veinticinco por ciento de la población se encontraría desempleada.

Tener éxito viene de la mano de contar con un vendedor profesional que se tome tiempo para vender cualidades y beneficios, no sólo descuentos.

Se trata de amor, no de costo

Después del experimento que te acabo de contar, subí al doble el costo del boleto de mis seminarios y ¿qué crees que pasó?: ¡dupliqué la audiencia!

El precio muy raramente es una preocupación para los compradores, incluso cuando ellos así lo digan. Es mucho más usual que se trate de un asunto de amor y confianza. ¿Tú amas un producto? Porque si lo haces, estarás dispuesto a pagar lo que sea para quedarte con él. ¿El cliente está cien por ciento seguro de que el producto le dará lo que él quiere? ¿El servicio que ofreces es lo que tu comprador necesita? Te garantizo que si tu cliente se enamora de tus productos o tus servicios, pagará lo que sea con tal de adquirirlos; si tu cliente tiene confianza en que tú le ofreces una solución real a sus problemas, no tendrá ataduras para desembolsar la cantidad necesaria. La gente está dispuesta a empeñar su brazo derecho con tal de encontrar amor, y a gastar hasta el último peso con tal de hallar una solución real a sus problemas.

Si alguna vez has perdido a un ser querido, sabrás de qué hablo. Seguramente, en el momento de enterarte de su muerte pensaste que darías lo que fuera con tal de que esa persona estuviera otra vez a tu lado. ¿Por qué? Amor, cariño, amor.

Debes ser capaz de hacer que el cliente quiera tener el producto que tú le ofreces más que su dinero. Tu cliente debe anhelar poseer tu producto o adquirir tu servicio más que mantener intacta la cifra de su cuenta bancaria. Descubrir lo que él quiere y demostrarle que tú tienes la solución es la esencia de cómo conseguir una venta. De seguro, hay cosas que la gente no puede adquirir debido a su precio, pero eso es justo lo que quiero decir: si de veras lo aman y creen que es una solución a sus problemas, nueve de cada diez veces encontrarán la manera de pagarlo.

Tú no puedes ponerle un precio a la gente o a las cosas que en realidad quieres. Si alguna vez has tenido un problema serio, te garantizo que el dinero no ha sido tu mayor preocupación. Resolver un problema, ésa es la verdadera preocupación de las personas. Dales amor, resuélveles sus problemas y conseguirás su dinero.

Si tu cliente no puede pagar por un producto o se la pasa arguyendo que no tiene suficiente dinero, esto significa que en su mente yace una preocupación más grande que debe ser resuelta. Si estuviera completamente convencido, el precio no sería un problema.

A pesar de que tu cliente potencial te diga que el precio es un problema, en realidad lo que dice en su mente es muy distinto. "¿Será el producto indicado? ¿No podré encontrar otro mejor? ¿Éste es un buen momento? ¿De verdad resolverá nuestros problemas? ¿Le gustará a mi gente? ¿Qué pensarán los demás de que lo compre? ¿Es algo que de veras voy a usar y a disfrutar? ¿Esta compañía se hará realmente cargo de mí y de mis problemas? ¿No será mejor que compre otra cosa? ¿Encontraré una mejor oferta la semana que viene? ¿Sé lo suficiente de esto? ¿Tengo toda la información disponible? ¿No debería comprarme algo diferente en lugar de esto? ¿De veras me voy a inscribir? ¿No es mejor que ahorre el dinero en lugar de invertirlo? ¿Cometeré un error?"

Si sabes cómo descubrir y resolver estas preguntas, el precio nunca será un problema para ti. Con seguridad el producto o el servicio que tú ofreces despierta dudas a los compradores, pero, créeme, sea lo que sea que vendas, la indecisión de tu comprador casi nunca se debe al precio. Tu éxito depende de que entiendas esta simple verdad.

Pongamos que alguien busca un regalo para el amor de su vida. De pronto, encuentra algo que sabe que su novia va a adorar, pero entonces le dice al vendedor que cuesta más de lo que quiere gastar. Lo que esta persona dice en realidad es que no está convencido de que el producto sea el regalo perfecto para ella. Él no se ha enamorado del producto o no se convence de que ella lo haga. El producto aún no logra hacerlo sentir bien y dispuesto a gastar su dinero en él. Si me encontrara frente a él, lo que haría sería darle la razón y pedirle la oportunidad de enseñarle algo aún más caro, sólo por simple diversión. Él dijo que era mucho dinero, nunca dijo que el producto no le gustara o que no pudiera gastar en algo más. Además, piensa que, cuando dijo que era más de lo que quería gastar, pudo decir que era mucho para *ese* producto específico y no para otro distinto. Quién sabe, tal vez logres hacer que gaste un poco más de lo que originalmente quería.

Hacia arriba, nunca hacia abajo

Cuando un cliente objeta algo que tiene que ver con el precio, la mayoría de los vendedores le muestran productos con un costo más bajo. Ésta es una solución incorrecta que se basa en la falsa creencia de que el precio es la principal preocupación de un comprador.

Cuando a un cliente le enseñas un producto más barato, lo más probable es que tampoco le guste y, además, le guste cada vez menos el primero. Esto propiciará que el cliente crea que no tienes soluciones para él y pierde el tiempo contigo. En cambio, enseñarle algo aún más caro, hace que comience a pensar en términos cualitativos y descubrirás si su objeción original sobre el precio era cierta o falsa.

Si tu cliente cree que su novia adorará el regalo y le enseñas algo aún más caro, te apuesto que lograrás venderle el producto. Recuerda, lo que él quiere es tomar la decisión correcta. En este punto hay dos opciones: la primera es que, al ver un producto aún más caro, el cliente te señale por qué no está satisfecho con el primer producto; la segunda es que te pida que se muevan en una dirección completamente distinta y a un precio más bajo. Sea como sea, el caso es que has logrado volverte su acompañante en la compra, en lugar de su oponente en la negociación. Ahora puedes ofrecerle un tipo de producto completamente distinto, con la certeza de que siempre puedes volver al primero. ¡De lo que se trata es de enseñarle tus mercancías, no tu lista de precios!

Recuerdo una ocasión en que un cliente me dijo que lo que yo le ofrecía era demasiado caro y no pude convencerlo de lo contrario. Se fue y gastó más de 150 000 dólares con la competencia. Cuando me dijo que era mucho dinero, quería decir que era mucho por la solución que yo le ofrecía. Ya verás cómo es más fácil resolver una objeción sobre el costo de un producto enseñando algo aún más caro que más barato.

Cuando el asunto del precio no me permite cerrar una venta, siempre trato de enseñarle al cliente productos más caros. Aunque de entrada esto te parezca ilógico, ya verás que es altamente efectivo. Si el cliente llega a considerar la segunda opción, puedo darme cuenta de que tiene dudas respecto a la primera. A esto le llamo "convencer con el inventario". A lo largo de mi carrera me he enfrentado con miles de clientes que alegan que es muy caro o se sale de su presupuesto, siempre con el signo de pesos pintado en su cara. Inmediatamente, les enseño un producto aún más caro. ¿Por qué? Porque lo que implícitamente me dicen es que creen que el dinero que van a gastar es demasiado por la solución que el producto les ofrece y temen que no sea la correcta. Créelo, el cliente está dispuesto a pagar más por una solución correcta que pagar menos por una solución inadecuada.

Todos los compradores han tomado decisiones incorrectas en el pasado y es la principal razón por la que dudan antes de hacer una nueva compra. A lo que le temen no es a gastar su dinero, sino a volver a cometer el mismo error. Más que el precio, lo que de veras les produce angustia es escoger una mala opción, comprar un producto inadecuado o tomar una mala decisión.

Siempre que un cliente potencial te diga algo sobre el precio del producto, enséñale algo más caro. Esto te ayudará a determinar si el precio es de verdad lo que al cliente le preocupa. Lo peor que puedes conseguir es que el cliente encuentre más valor al primer producto y comience a reconsiderar el precio. Nunca compres el pretexto de todos esos vendedores mediocres que dicen que si el precio fuera más bajo conseguirían cerrar más ventas. Sólo fíjate en sus logros y descarta sus consejos.

En una ocasión, una fundación caritativa me pidió ayuda para reunir fondos. Los miembros me contaron sobre cierto potencial donador que era cercano a la fundación, pero al cual aún no habían logrado convencer de que diera una fuerte suma de dinero. Llevaban un año intentando convencerlo, pero él no había soltado ni un centavo. Cuando pregunté cuánto le pidieron, me dijeron que diez mil dólares. Entonces, sugerí que quizá le habían pedido demasiado poco, y les dije que era probable que a esta persona no le gustara hacer donaciones tan pequeñas y era mejor pedirle una suma más grande.

Tras decir esto, una señora me miró con suspicacia y me respondió que el donador en cuestión era una de las personas más tacañas que ella hubiera conocido. Decidí guardar silencio. Cuando lo fui a ver, en diez minutos conseguí que donara diez veces más de lo que le habían pedido durante todo un año. El único lugar donde ese donador era realmente un tacaño era en la mente de la señora. De hecho, es una de las personas más generosas que yo haya conocido. Él me confesó que no quiso donar sólo diez mil dólares, pues le parecía que no era suficiente para que la fundación consiguiera sus objetivos. Todo lo que hice fue pedirle el monto adecuado, que él *creía* sí significaba una diferencia. Pedirle más dinero fue, de hecho, la solución al problema.

Un tip: el cliente nunca es el problema... ¡NUNCA! Son los vendedores, y no los compradores, quienes fijan los obstáculos para cerrar cualquier venta.

Son los vendedores, no los clientes, quienes impiden las ventas

Tienes que metértelo en la cabeza: el precio no es el problema, ¡tú eres el problema! Los clientes no impiden las ventas, son los vendedores quienes lo hacen. Eres tú, no el comprador, quien pone obstáculos para cerrar un trato.

Dale a un potencial comprador un producto que le encante o un servicio que resuelva su problema y conseguirás vendérselo en el preciso momento en que confíe en ti, en el producto y en el servicio.

Claro que habrá veces en que deberás mencionar el asunto del dinero. A veces yo digo cosas como: "Sí, estoy de acuerdo con usted en que es mucho dinero por un regalo, pero por suerte en el mundo el dinero no escasea. En cambio, sí son pocas las personas que encuentran al amor de su vida y quienes saben demostrarle su aprecio a la gente que quieren. Usted debe estar agradecida de haber encontrado el amor. Ahora, ¿cómo quiere que se lo envuelva?" ¡A esto me refiero cuando hablo de vender! Si tu cliente está completamente convencido de que hace lo correcto, ¡será capaz de comerse su propio puño con tal de tenerlo!

Si ese cliente que alega tanto sobre el dinero descubriera que está enfermo y va a morir, pero el producto en cuestión le puede salvar la vida, ¿qué crees que haría? Seguro conseguiría el dinero, lo compraría y salvaría su vida. ¿Por qué? Porque está convencido de que tiene la necesidad de hacerlo. Si la necesidad es tan grande y su confianza en la cura es tan plena, el precio nunca será un obstáculo.

Por ejemplo, cuando una persona quiere comprar una casa, las verdaderas dudas que le surgen, y no se las dirá al vendedor, son cosas como: "¿Ésta es la casa correcta? ¿Éste es el sitio en el que me sentiré contento? ¿Seré feliz aquí? ¿Será una buena inversión? ¿Realmente quiero vivir aquí? ¿No puedo encontrar algo mejor? Si voy a gastar tanto dinero en esto, ¿por qué no gasto un poco más para conseguir la casa de mis sueños?". Esta última pregunta, la de gastar más dinero, describe al cincuenta por ciento de las personas que dicen tener problemas con el precio de un producto. Los mismos compradores que en un sitio se quejan del precio de una cosa van y gastan el doble en otro lugar. Recuerda, cuando alguien dice que es mucho dinero, no se refiere al dinero en sí sino al costo en relación con el producto que le ofreces.

¿Te acuerdas de la historia de la casa que vendí por más del cincuenta por ciento del valor que me sugirió el mejor agente de bienes raíces de la zona? Cuando la compradora vino a verla, yo me di cuenta de que, en el momento en que puso un pie en la casa, se enamoró de ella. De cualquier forma, después me pidió que hiciéramos un nuevo avalúo de la propiedad, pues así se lo recomendó su contador. Entonces yo le expliqué que, si bien entendía el porqué de su sugerencia, pedir un nuevo avalúo sería una pérdida de dinero, pues la casa no se valoraría por lo que le pedía por ella. Le expliqué que estaba más cara y por ello el avalúo sería inútil. Entonces, le conté que también había pagado por ella más de lo que valía, igual que el propietario anterior hizo antes de mí. De la misma forma, podía asegurarle que la persona a la que ella se la vendiera pagaría mucho más que su valor real. Debido a su ubicación, estaba seguro de que la casa valía mucho más que el valor que arrojaría un avalúo y que por lo tanto cualquier persona estaría dispuesta a pagar mucho más por ella. Finalmente, la compradora decidió no hacer un avalúo y me compró la casa. Vivió en ella cerca de un año y después la vendió por mucho más dinero que el que había pagado. El precio nunca es un obstáculo; se trata de que el cliente se enamore de tu producto y que vea en él una solución a sus problemas.

Agua y café

Para ser un buen vendedor debes creer en los seres humanos, tener una impresión positiva de las personas, creer que la gente es buena y buscar siempre la decisión correcta. Tus clientes son iguales a ti, ellos también se salen de su presupuesto y gastan dinero que no tienen, después de pasar arduas horas trabajando para conseguirlo. Como tú, ellos también han tomado buenas y malas decisiones y quieren evadir las segundas para sentirse bien consigo mismos.

Si le vendes un servicio a un empresario, quiere estar seguro de que toma la decisión correcta y de que lo que va a pagar realmente hará una diferencia en su negocio. Si, en cambio, vendes un producto, tus clientes quieren estar seguros de que serán felices cuando lo usen y se sentirán bien y serán admirados por otros gracias a la decisión que tomaron.

Si la gente no te compra, te aseguro que casi nunca se trata del dinero ni de salirse de presupuesto, sino que a ti te faltó decir o hacer algo que los convenciera. Si todo recayera en el costo de un producto, explícame por qué hay filas de gente comprando café que fácilmente podría hacer en sus casas por menos de la mitad del dinero. Explícame por qué hay tanta gente comprando agua embotellada que podría conseguir gratis en la llave del grifo. Explícame por qué hay tanta gente que compra boletos para ver los partidos de un equipo de beisbol o de futbol cuando podría verlos por la televisión sin costo alguno. Explícame por qué alguien decidiría comprarse un auto deportivo cuando podría viajar en transporte público y hacer la mitad del tiempo de camino a su oficina. Explícame por qué cuando tu hijo se corta lo llevas con un médico profesional cuando, con un poco de información, tú podrías coserlo. Amor, cariño, amor.

Acuérdate de cuántas veces has gastado con gusto más de lo que podías. Acuérdate de cuántas veces te has salido del presupuesto simplemente porque te encontraste con algo que ni siquiera buscabas pero que te pareció irresistible.

Recuerda, prácticamente nunca se debe al precio.

PREGUNTAS DEL CAPÍTULO 6

Según el autor, ¿cuál es la principal razón por la que una persona decide no comprar algo?

_____

_____

_____

_____

Da dos ejemplos de ocasiones en las que dijiste que no podías pagar tanto por una cosa, pero tu verdadera razón para no comprarlo era otra.

1. _____

2. _____

¿Cuáles son las dos principales razones por las que alguien compraría algo?

1. _____

2. _____

Escribe tres cosas que la gente compra todos los días y en realidad no necesita.

1. _____

2. _____

3. _____

Da tres ejemplos de cosas que hayas comprado aun cuando no tuvieras dinero suficiente para hacerlo, sólo porque te enamoraste de ellas o te resolvían un problema importante.

1. _____

2. _____

3. _____

Según el autor, ¿cuál es la mejor manera de justificar el precio de algo?

_____

_____

_____

_____

7

EL DINERO DE TUS COMPRADORES

No hay escasez de dinero

Antes de pedir a tus clientes que gasten su dinero en ti, hay algo que debes saber al respecto. Millones de personas tienen la falsa impresión de que hay una especie de escasez de dinero. La verdad es que el dinero no falta. Es más, abunda.

¿Sabías que en el mundo hay tanto dinero que, si se reuniera en un mismo sitio, todos podríamos conseguir cerca de mil millones de dólares si lo quisiéramos pescar con una simple red? ¡Mil millones de dólares! ¿Tienes tu tajada? Si no, esto se debe a que piensas en términos de trabajo arduo y límites, en lugar de en términos de abundancia.

Observa el Océano Pacífico y ve la cantidad de energía que se acumula ahí. El mar nunca se detiene. Dirígete a la orilla y saca cuantas cubetas de agua desees. ¿Crees que después de hacerlo el mar aún tendrá suficiente agua? ¡Claro que sí!

Mira cuánto dinero hay en el mercado. Todos los días, la gente compra casas, carros, cuentas de teléfono, ropa, comida. Hay una cantidad inagotable de dinero y, cuando está a punto de terminarse, se imprimen más billetes. ¡Esto es la inflación!

Sácate la idea de que en el mundo no hay suficiente dinero, pues sí lo hay. Si comienzas a buscar prosperidad y abundancia, te darás cuenta de que realmente existen y están a tu alrededor.

¡ALERTA! Si otros tienen problemas en conseguir tu dinero, tú también tendrás problemas en conseguir el de otros. Muchos de los mejores vendedores son las personas más generosas que he conocido en mi vida. Ellos no le tienen miedo a gastar, no porque tengan mucho dinero, sino porque saben que éste sirve para usarse, no para poseerse. Y, porque lo saben, no tienen problemas en conseguirlo.

Tu comprador y su dinero

Tu comprador se vuelve raro cuando está a punto de tomar una decisión y gastar su dinero. Es como si, de alguna manera, se identificara con éste y lo hiciera sentir distinto a los demás. Cuando llega el momento de que se desprenda de él, el comprador actúa de manera extraña y comienza a inventar excusas. Incluso, puede llegar a contarte historias muy raras y a tergiversar la realidad. Un vendedor profesional bien entrenado sabe cómo mantener en pie la negociación y responder cualquier tipo de objeción, sabe también cómo ser persistente sin que el comprador sienta presión.

Esta actitud es muy simpática cuando consideras que, en realidad, el comprador no te dará físicamente su dinero, simplemente lo transferirá de una cuenta bancaria a otra. En la mayoría de los casos, nunca pagan dinero de verdad. En cambio, te dicen que no pueden pagarlo. Claro que no pueden hacerlo, ¡para eso están los bancos!

Frente a mí han pasado tantas personas que me dicen que el precio de algo es muy elevado, sin dejarme realmente claro que tienen suficiente dinero para comprarlo. En cambio, cuando llega alguien con suficiente dinero, dice que sí inmediatamente y nunca menciona el precio.

Muchos de los compradores que más me ha costado convencer, después agradecen haberles insistido en el valor de su compra y ayudarlos a tomar la decisión correcta. Adora tus productos, tus servicios, a tus clientes, adórate a ti mismo y aprenderás cómo saber vender.

La segunda compra es más sencilla que la primera

El fenómeno de la segunda compra lo descubrí por accidente, una semana en que tenía buena racha y podía vender lo que pasara por mis manos. Se trató de una de esas raras ocasiones en que todo parece salirnos sin necesidad de dedicarle mucho tiempo. Todos mis clientes potenciales me compraban lo que les ofrecía; era como si hubiera atravesado una especie de portal mágico en el universo que me permitiera cerrar todos mis tratos sin ningún esfuerzo. En esa época, me pasaba horas y horas convenciendo a un equipo de ejecutivos de la necesidad de comprar uno de mis productos, a pesar de salirse de su presupuesto. Finalmente, logré convencerlos de que hicieran la compra.

Una vez que aceptaron, decidí probar suerte y ofrecí a los ejecutivos un paquete aún más caro, pues de verdad creía que era una mejor inversión. Sabía que ellos ya se habían salido de su presupuesto, pero decidí arriesgarme. Entonces les sugerí que, si iban a pagar más de lo que originalmente pensaban, ¿por qué no tiraban la casa por la ventana y se atrevían a conseguir algo aún mejor? Se miraron uno al otro con asombro y uno de ellos me dijo que eso era justamente lo que estaban a punto de pedirme. En ese momento me tropecé con uno de los más grandes secretos de las ventas: *la segunda compra es más sencilla que la primera.*

Motivado por este descubrimiento, me puse a reflexionar en las veces que salía de compras buscando un producto específico y en todo el tiempo que me llevaba decidirme a comprarlo. Cuando al fin me decido, no sólo lo compro, sino termino llevándome ocho cosas más que me quedan de camino. Este fenómeno es común en todos los compradores. Una vez que la billetera se abre, el comprador está dispuesto a gastar más dinero. Me parece que esto ocurre porque el comprador hace uso de las siguientes compras como justificación de la primera.

¿Por qué alguien te recomendaría a su dentista? ¿Para ayudarle al dentista? Quizá, pero la mayoría de las veces lo hacen como una medida para asegurarse de que su propia decisión de ir con él es la correcta. En la vida, todos queremos saber que hacemos lo correcto y esa segunda compra es un camino para asegurarnos de que la primera fue una decisión acertada. Trata de encontrar a una mujer que camine por un centro comercial y sólo lleve en la mano una bolsa de compras. Seguramente no podrás hacerlo. ¡Caso cerrado!

Un buen ejemplo de este fenómeno es la persona que entra en una agencia de viajes para comprar unas vacaciones en crucero. Él o ella se pueden pasar cuatro horas con el agente de viajes, mirando folletos de diferentes destinos para decidir cuál es el paquete que más les conviene. "¿Debería irme a Europa, Alaska o al Caribe? ¿Debería comprar el paquete de cinco días o el de dos semanas? ¿Cuál es la mejor línea de cruceros y quién tiene los mejores barcos?" Una vez que el cliente se ha decidido y escoge un paquete y un destino, el clima es el adecuado para que el agente de viajes le ofrezca más cosas. Puede ser que mejore su habitación y opte por la *suite* con vista al mar; puede adquir el paquete con *tour* a la isla; seguro de viajero, mejores asientos de avión, etcétera. Ya que el comprador ha abierto su cartera, estará ansioso por sentir que tomó la decisión correcta y será más fácil que, para asegurarse de que sí lo hizo, compre aún más cosas.

Hace algún tiempo recaudaba fondos para una iglesia y me costaba trabajo convencer a otra persona de que también lo hiciera. Cuando por fin lo convencí, lo felicité de corazón y, mientras lo miraba escribir en su chequera, le dije algo así como:

—Tú sabes que donarás más después. Tu corazón está en el lugar correcto. Eres un hombre generoso. ¿Por qué no lo donas todo de una sola vez?

El hombre se volvió para mirarme y me dijo:

—Tienes razón.

Acto seguido, rompió el primer cheque y comenzó a escribir otro por una cantidad ¡veinte veces mayor que la primera!

Si alguna vez te has encontrado con alguien que en un restaurante se queja por el precio de un corte de carne y, sin embargo, pide una botella de vino que cuesta más que el resto de la comida, sabes a qué me refiero. O qué tal esos que se quejan del precio del cine y se gastan el doble en palomitas y refrescos. ¿Alguna vez has escuchado a alguien quejándose por las mensualidades que paga por su automóvil? Es el mismo tipo que después le pone rines nuevos, lo manda pintar y consigue un estéreo que hace retumbar los postes de la calle. Por supuesto, todo esto lo consiguió gracias a su tarjeta de crédito, que le cobra una comisión de dieciocho por ciento y que, sumados los rines, la pintura y el estéreo, resulta que ha gastado más en los accesorios que en el coche. ¡Bravo por la segunda compra! Aprende a usarla en tu favor y tu vida cambiará.

Mientras más gasten, mejor se sienten

A pesar de lo que diga, tu cliente quiere gastar más, no menos. Aunque no lo creas, a la gente le encanta gastar su dinero y mientras más disfruten hacerlo más seguros se sentirán de sus decisiones. Muéstrame a una persona que compre una casa, un auto, muebles nuevos, ropa, vacaciones, cualquier cosa, y se haya apegado a su presupuesto. Esa persona no existe. A los compradores les gusta llegar a sus casas con un montón de cosas, no con una sola. Quieren presumirle a sus amigos y vecinos todo el dinero que gastaron y lo caras que son las cosas adquiridas. *A la gente le gusta presumir.* Si no le gustara, no existirían autos deportivos ni ropa de diseñador. Cualquiera puede comprarse una bolsa de cuero que durará el doble que una bolsa de diseñador, pero la gente sabe que la segunda cuesta diez veces más por el simple logo. Ésta es una sociedad consumista y en ella los compradores son ganadores. Esté bien o mal, lo cierto es que nos encanta comprar. Por ende, la segunda compra refuerza el hecho de que la primera fue correcta.

Así pues, conseguir la segunda compra es más sencillo que la primera. La gente te puede decir que no seas ambicioso, que no compliques las cosas y te limites a cerrar el primer trato. Tonterías. Ese tipo de pensamiento está bien para los vendedores mediocres,

¡no para ti! Conseguir la segunda compra es para quienes están listos para llegar al siguiente nivel con la mitad del esfuerzo.

Pasarás noventa por ciento de tu tiempo comiéndote el plato principal y diez por ciento el postre. Pon la primera venta para llevar y concéntrate en la segunda, el postre.

Ésta es una técnica monstruosa que funciona como un acto de magia. Sólo olvida el miedo de perder la venta y simplemente preguntarle al cliente.

Recuerda, el dinero es una cuestión mental, no un tema de escasez.

PREGUNTAS DEL CAPÍTULO 7

Si a los demás les cuesta trabajo conseguir tu dinero, ¿qué pasará contigo cuando intentes conseguir el de ellos?

_____

_____

_____

Escribe tres de las cosas más raras que has hecho cuando tienes que desprenderte de alguna cantidad de dinero.

1. _____
2. _____
3. _____

¿Cuál es la venta más sencilla de obtener y por qué?

_____

_____

_____

¿Por qué las personas se pueden sentir mejor al gastar más?

_____

_____

_____

_____

¿Por qué el dinero es una cuestión mental y no de escases?

_____

_____

_____

8

ESTÁS EN EL NEGOCIO DE LAS PERSONAS

El negocio de las personas, no X negocio

Los manufactureros constantemente piden a sus vendedores informarse sobre los materiales y productos que se utilizan en sus negocios. Ellos creen que ahí radica el secreto para vender más. Si bien tienen cierta razón en que un vendedor debe conocer el producto que vende, no hay que olvidar que la gente usa ese producto. Por eso, es vital que el vendedor sepa más sobre la gente que sobre los productos que vende. Conozco muchos vendedores que saben hasta los más mínimos detalles de la producción de sus mercancías, pero son incapaces de cerrar un trato porque no pueden lidiar con la gente. Saber mucho de producción y poco de personas, es igual a no saber nada.

Si entiendes más de tu producto que de las personas que lo compran, es como si pusieras la carreta delante del caballo. Date cuenta de que, en primer lugar, tu negocio es el de las personas y, sólo en segundo lugar, el de las mercancías. Estoy de acuerdo en que necesitas saber los elementos básicos de la producción, conocer los beneficios y las diferencias con otros productos, pero lo primero que debes entender es cómo funciona la gente y cómo demostrarles los beneficios de tus mercancías.

La mayoría de los vendedores que conozco pasan demasiado tiempo vendiendo y olvidan que cualquier venta implica ochenta por ciento de conocimiento de personas y veinte por ciento de conocimiento de productos. Esto se demuestra con el sencillo hecho de que la gente compra cosas de peor calidad que las tuyas cada minuto de todos los días del año. ¿Por qué? Porque la gente compra por otras razones más que los puros beneficios que le darán las cosas.

Al salir del trabajo e ir a su casa, una persona se detiene en una tienda de abarrotes para comprar un litro de leche. ¿Escoge la mejor marca que puede encontrar? ¿Busca la mejor oferta? A esta persona no le importa ninguna de estas dos cosas, lo que quiere es no perder mucho tiempo para llegar más rápido a su casa, con su familia.

Un boleador de zapatos que trabaja en el aeropuerto no entiende que la razón por la que le faltan clientes no radica ni en la calidad de sus servicios ni en su costo. No se puede dar cuenta porque cree que a lo que él se dedica es a bolear zapatos. Pero la razón por la que cientos de ejecutivos nunca se detienen en su negocio es porque no lo necesitan y van con el tiempo contado, preocupados por perder su vuelo. Si el boleador se anunciara con un letrero de "se bolean zapatos en sesenta segundos", te aseguró que pronto necesitará un segundo local para poder darse abasto. Para dar en el blanco en cualquier venta, debes darte cuenta de que estás en el negocio de las personas, no en el de boleado de calzado. Aprende a pensar como piensan tus clientes. Las mercancías no piensan, las personas sí.

Yo vivo en Los Ángeles y mi esposa y yo cargamos el tanque del coche en una gasolinera de Sunset Boulevard, en la que el dueño nos saluda por nuestros nombres, nos limpia el parabrisas, llena nuestro tanque y ¡nos da una botella de agua gratis! En este caso, ¿compro gasolina o un servicio? ¿Qué busco, un tipo de trato o la calidad en la gasolina? Y el dueño, ¿vende un servicio o un producto? Si comprendes a las personas, sabrás la respuesta correcta. El dueño de esta gasolinera sabe que él no está en el negocio de la gasolina, sino en el de las personas. Por ello es que no dejamos de ir con él.

Se dice mucho que a las personas no les importa cuánto sepas de algo siempre y cuando sepan lo mucho que te importa. Creo que esto es cierto y puedo asegurarlo al ver los cheques de mis comisiones. Nunca he considerado que me dedico a vender un producto, sino a ayudar a la gente para que tome la decisión adecuada. En mi carrera he vendido pescado, autos, ropa, bienes raíces, películas, joyas, inversiones y hasta ideas, y, en todo momento, me doy cuenta de que me va mejor cuando me intereso por las personas, por el ser humano que quiere disfrutar su vida y resolver un problema gracias a mi mercancía.

La gran mayoría de las veces, los vendedores salen a la caza de clientes sin conocerlos ni siquiera un poco, lo cual es una garantía de que no podrán cerrar un trato. ¿Qué le importa a los compradores? ¿Qué necesitan? ¿Cuál es su escenario ideal? ¿Qué desean con su compra? ¿Qué los hará sentirse realmente bien? Si pudieran conseguir lo que desean, ¿qué sería? Éstas son las preguntas que te permitirán concretar una venta.

Toma interés en la persona en lugar de interesarte en venderle algo a alguien. Cuando un comprador sale a buscar un producto, en realidad no le importa el producto y sólo piensa en sí mismo y en su tiempo, su dinero y lo que debe hacer para sentirse mejor. En este momento, sólo piensa en él; tú y tu mercancía son cosas que le dan más o menos lo mismo.

La persona más interesante del mundo

Puede ser que yo no sea la persona más interesante, pero sí soy la que más me interesa.

Anónimo

En general, la gente está más preocupada por sí misma, por su familia y por tomar las decisiones correctas que por comprar algo, sin importar cuánto lo quieren o necesitan.

Si cuando estés frente a un cliente no te interesas en él y en sus preocupaciones, entonces pronto se dará cuenta de que lo único que te importa es tu comisión. Interésate más en tus clientes que en ti mismo, tus ventas, tus mercancías o tus comisiones, y verás que muy pronto tu grado de productividad se incrementará.

Una vez, mi esposa y yo fuimos a ver una casa, gracias a una agente de bienes raíces muy veterana. Conforme caminábamos por la propiedad, le comencé a decir a la agente qué nos importaba encontrar en una casa. En un punto, ella me interrumpió y continuó hablándome de los beneficios de aquel lugar. Uno podría creer que era una novata, pero en realidad se trataba de alguien que llevaba más de veinte años en el negocio de los bienes raíces. Quizá ése sea parte de su problema, después de tantos años se unió a las filas de quienes están en el negocio de los bienes raíces y olvidó que su verdadero negocio son las personas.

El noventa por ciento de los vendedores no se toman el tiempo de escuchar a sus clientes o averiguar qué necesitan. En el ejemplo que te acabo de dar, ella era una vendedora bastante eficiente, ¡imagínate lo que podría hacer si realmente se interesara en las necesidades de sus clientes! Al menos, podría ahorrarse mucho tiempo, pues sabría de inmediato qué cosas enseñarme y cómo vendérmelas. Es una cosa fácil de hacer, pero necesitas interesarte y saber comunicarte bien. No sólo hablar, ¡comunicarte! La verdadera comunicación requiere identificar qué necesita el otro para dárselo. ¿Qué es lo que las personas consideran valioso? ¿Qué creen que es importante? ¿Cómo quieren que uno les hable? ¿Qué llamará su atención?

En una ocasión, mientras quería venderle una casa de condominio a un matrimonio de Tucson, Arizona, observé que el marido era incapaz de mirarme. Después de unos minutos me animé y le pregunté por qué no me miraba. Al principio se sorprendió, pero luego comenzó a hablarme. Llamé su atención y sólo hasta que lo hice logré comunicarme con él. Entonces le pregunté cuál era su lugar ideal para vivir. La pregunta produjo que el hombre se abriera y compartiera conmigo sus necesidades. Durante esta conversación, mencionó un par de veces el golf, así que yo le dije en dónde quedaba el campo más cercano. A partir de ese momento, no dejó de hablar sobre el golf, incluso mientras firmaba el contrato. Yo ni siquiera vendí esa casa, sólo puse interés en mis clientes, me comuniqué con ellos y los hice sentir más importantes que la casa misma. Encontré cuál era su necesidad, los escuché y luego cerré el trato.

Comunicación = ventas

Si no te comunicas con tu cliente, no tienes ninguna oportunidad de cerrar una venta. El diccionario define comunicación como el *proceso a través del cual dos personas intercambian información mediante el mismo grupo de símbolos o comportamiento.*

Hablar nada más que de tu producto no es comunicarte, pues en ese caso no existe intercambio de ideas entre el comprador y tú. En ventas, nos interesa la comunicación que arroja información y que, por lo tanto, nos puede llevar a la acción. Conseguir información significa que debes hacer muchas preguntas. ¿Qué es lo que el cliente busca de un producto para estar satisfecho? ¿En una escala de 1 a 10, cómo calificaría el producto que ya tiene? ¿Qué necesitaría para conseguir un 10? Este tipo de preguntas demuestran interés y te ayudarán a descubrir qué necesita el cliente y, más importante aún, qué considera valioso. Además, hacer preguntas le demuestra a las personas que te interesas en ellas, no en su dinero.

Hace algunos años quise comprar una computadora y el vendedor inmediatamente comenzó a bombardearme con detalles acerca de la velocidad, la memoria, el procesador, los megabytes y toda esa información técnica que no significaba nada para mí. Cuando me aleje de él me sentí como un zombi, confundido por todo ese vocabulario técnico que el vendedor me escupió. Por supuesto, no le compré nada. Una semana después me metí a otra tienda y conocí a un vendedor de verdad, quien se me acercó y comenzó a hacerme preguntas de inmediato. Me preguntó si viajaría con la computadora y cuál era el principal uso que pensaba darle para determinar qué me recomendaría. Ese vendedor demostró más interés por mí en sesenta segundos que el otro vendedor en los quince minutos que estuvo conmigo. Además, estaba realmente interesado en encontrar la opción adecuada para mí, más que en hacer una simple venta. Cuando se ganó mi confianza, le dije que había pensado en comprar cierto modelo, pero entonces me dijo que esa computadora era mucho más de lo que yo necesitaba. Su consejo hizo que confiara más en él y lo puso en absoluto control de mí, lo cual mantuvo mi interés.

En menos de veinte minutos, le compré dos *laptops* y una computadora de escritorio. Antes de irme, le pregunté si me recomendaba comprar algo más, y me llevé un par de tarjetas de memoria, algunos programas y varias garantías. El primer vendedor se tomó quince minutos en demostrarme lo mucho que sabía de computadoras, pero en ningún momento se preocupó por averiguar mis necesidades. ¿Por qué? Puso adelante su conocimiento del producto y detrás su conocimiento de las personas. En cambio, el segundo vendedor, quien consiguió la venta y se llevó una comisión, también sabía mucho de computadoras, pero para él era esencial asistirme y hacer la compra indicada. Él no puso por encima de mí su conocimiento del producto; me dio prioridad a mí. La calidad humana que está presente en cualquier venta no puede ser olvidada y es más útil conforme más viejos nos volvemos.

Quiero aclarar una cosa: hay que hacer preguntas, pero no para manipular. Esta estrategia ha sido malinterpretada por muchos vendedores a lo largo del tiempo. Tú debes hacer preguntas para saber más del ser humano que está frente a ti, no para manipularlo.

Muchos libros recomiendan hacer varias preguntas para usarlas después contra la voluntad del cliente. Incluso dan trucos con los que sugieren, por ejemplo, que un vendedor debe responder las preguntas del cliente con más preguntas. A eso se llama manipulación, no comunicación, y te será inútil con el paso del tiempo.

Yo estoy en el negocio de las personas, no en el de los productos, y sin duda nunca me ha interesado trabajar en el negocio de la manipulación.

Las personas son más importantes que los productos (regla de oro para ejecutivos)

Haz de esta una regla de vida y vive con ella: estás en el negocio de las personas, no en el de los productos. ¡Las personas son más importantes que la mercancía! Las personas son más importantes que los procesos con los que funcionan las compañías. Ningún proceso productivo, ningún trabajo de ventas tendrá éxito si los clientes no son su prioridad. Los productos no son seres vivos, las personas sí. Un proceso es una función y siempre será menos importante que la gente. Si dentro de una empresa su proceso se vuelve más prioritario que la gente, te aseguro que esa empresa fracasará.

Una vez, un amigo que empezaba a trabajar como agente de bienes raíces me pidió una cita para hablar sobre una inversión en la que yo estaba interesado. No mencionaré el nombre de la compañía en la que trabajaba, pero te puedo decir que es una de las firmas más importantes a nivel internacional y sus procesos son muy estrictos.

Le pedí a mi amigo que fuera a verme a mi casa, pero él me dijo que era muy importante que yo fuera a su oficina. Esto me pareció muy raro y le dije que mejor nos viéramos en mi oficina para encontrar el modo de que yo le pudiera comprar algo. ¡Después me volvió a llamar y me pidió que mejor fuera a verlo a su oficina! Esta actitud era muy extraña en mi amigo. Le pregunté qué le pasaba, yo no iba a ir hasta allá, si me quería ver era mejor que viniera a mi casa o lo canceláramos todo. Por fin, accedió. Cuando llegó a mi casa, nos sentamos en la mesa de mi cocina y le pregunté por qué quería a fuerza que yo fuera para allá. Entonces me explicó que acababa de tomar un seminario en ventas de la compañía y que ahí le insistieron en que siempre era mejor que el cliente fuera a ver al vendedor y no al revés. Éste era un método de control que la compañía le imponía a los vendedores jóvenes con el cual los hacía creer que así los vendedores podrían tener más control sobre los clientes.

Si bien es cierto que los procesos son importantes, se convierten en un obstáculo cuando se vuelven más prioritarios que los clientes. En este caso, el proceso tenía un error básico: no me incluía mí, el comprador. Es evidente que mi amigo nunca pudo venderme una propiedad. En lugar de eso, renunció a su trabajo y comenzó a trabajar para mí, lo cual resultó ser una muy buena decisión para ambos. En poco tiempo, mi amigo llegó a ser un próspero negociante, con su propia compañía de bienes raíces. Hasta el día de hoy, ¡me agradece que no haya ido a su oficina! Las personas son más importantes que los procesos.

Recuerdo cuando la Hummer H2 salió a la venta. En cuanto la vi, llamé a una distribuidora automotriz para conseguir una. No la necesitaba, pero la quería, ¡y la quería ya! Una persona me contestó el teléfono y le pregunté cuánto costaba la Hummer. Me respondió que no podía darme el precio por teléfono. Le pregunté qué le pasaba, por qué no me podía dar el precio, y me respondió que simplemente no se lo permitían. Me dijo que era política de la empresa. ¡Vaya política! Esta distribuidora tenía una política que impedía que la gente comprara sus productos. Entonces me explicó que esto lo hacían para que los clientes no pudieran comparar precios. La verdad es que yo no había pensado hacer eso hasta que el vendedor lo mencionó. "Mmh, tal vez deba hacerlo." Cuando colgué, me pregunté por qué se molestaba la agencia en publicar su número telefónico, si de todos modos no pensaban darle al cliente la información que éste quería.

Éste es un ejemplo perfecto de una empresa a la que se le ocurre una política muy tonta para evitar que los clientes se vayan con la competencia. Algún grupo de genios tuvo la brillante idea de hacer una política que no sólo le impedía a la gente comprarles cosas, sino que también obstaculizaba el trabajo de sus vendedores. El resultado de todo esto es un absoluto despilfarro de dinero en promoción y una forma para crear un clima de confrontación que inhibe las ventas y pone descontentos a los empleados.

Un proceso que se impone sin tomar en cuenta su efecto en los clientes es inútil y destructivo. Las personas siempre serán más importantes que los procesos, los procedimientos o las políticas de la empresa.

La gente escribe cheques, las políticas y los procesos no. Los productos son cosas muertas, las personas son seres vivos. Las cosas se pueden remplazar, las personas no. Las cosas no se venden por sí mismas, necesitan que alguien lo haga. Nunca lo olvides, las personas compran los productos, tu trabajo es venderle cosas a las personas, no personas a las cosas.

Tomar en cuenta a tu cliente es mucho más importante que tus mercancías o tus procesos. Preocúpate de verdad en que la gente consiga lo que busca. Haz del individuo frente a ti tu prioridad e incrementarás tus ventas. Interésate en lo que tu cliente quiere conseguir y en el problema que busca resolver y trata a la gente como sujetos que viven, respiran y son únicos. Mantente interesado antes, durante y después de realizar la venta. Incluso si no llegas a cerrar el trato, nunca dejes que algo sea más importante para ti que la persona que buscó tu ayuda.

Tú no estás en el negocio de los bienes raíces, de las hipotecas, de los seguros, de las inversiones, de los periódicos, de la ropa, del arte, del turismo, de la educación, o de cualquier otra cosa que te puedas imaginar. Abandona de inmediato el negocio en el que crees que te encuentras y ¡entra al *negocio de las personas!*

PREGUNTAS DEL CAPÍTULO 8

Si bien es cierto que es importante conocer a fondo el producto que vendes, ¿por qué es más importante conocer a tus clientes?

_____

_____

_____

_____

¿Cuál es la regla de la proporción 80/20?

_____

_____

_____

_____

¿En qué está más interesada la gente?

_____

_____

_____

_____

¿Cuál es el elemento más relevante en la definición de "comunicación"?

_____

_____

_____

_____

Escribe tres ejemplos que le puedan servir a alguien más para comunicarse contigo.

1. _____

2. _____

3. _____

¿Qué debe ser siempre más importante que tus productos, políticas o procesos?

_____

_____

_____

_____

9

LA MAGIA DE LOS ACUERDOS

Siempre ponte de acuerdo con tus clientes

SIEMPRE, SIEMPRE, SIEMPRE ponte de acuerdo con tu cliente.
¡Ésta es la regla más importante y, sin embargo, la menos comprendida! Si quieres conseguir un acuerdo, debes ser agradable con tus clientes.

Esta regla vital no debe confundirse con el viejo dicho de que el cliente siempre tiene la razón, pues esto no es verdad. Si alguna vez has tratado con alguno, sabes bien a qué me refiero. El punto es: tenga o no la razón, acuerda con él. Acuerda mientras firmas el contrato, mientras cierras la venta; no te pelees, ¡no tires a la basura el trato!

Es imposible que quieras acordar con alguien si, desde el principio, estás en desacuerdo con él. Las personas sienten atracción por las cosas, las ideas, y también por las personas que las venden. ¡Éste es un hecho universal! Por ejemplo, tus amigos son esas personas que están de acuerdo contigo en los asuntos más importantes. Tu familiar favorito es con el que siempre quieres pasar las festividades y las vacaciones. Éstas son las personas con las que más de acuerdo estás en tu vida personal. Cuando alguien está en desacuerdo con una persona y de acuerdo con otra, simplemente se acerca a la segunda y deja a la primera. En ventas, el dicho de que los opuestos se atraen no es correcto. En ventas, el gusto nace de la atracción y la atracción proviene al estar de acuerdo. Me caes bien porque concuerdo contigo en algún nivel.

Sólo hace falta uno

Si bien es cierto que nunca hay suficientes acuerdos entre dos partes, es falso creer que no se puede establecer ninguno. Es la razón por la cual las sociedades comerciales fallan, los matrimonios se rompen y tú no tienes suficientes clientes. La mayoría de la gente cree que, para establecer un acuerdo, se necesitan dos, pero la verdad es que sólo hace falta la voluntad de una persona para conseguirlo. Piénsalo, cuando una de las partes accede, deja de haber desacuerdo. Los vendedores que quieren hacer acuerdos con sus clientes necesitan, primero, estar de acuerdo con ellos. Incluso cuando un comprador patalea y pide cosas absurdas, concuerda con él. Que tú ves que él hace el ridículo no significa que él vea lo mismo. Si él cree que es negro y tú que es blanco, ambos tienen razón. Sin embargo, si quieres conseguir la venta y tú cliente cree que es negro, más te vale concordar en que, por lo menos, desde sus propios ojos sí es negro. Si, por ejemplo, tu cliente quiere esperar un poco para pensarlo mejor y tú lo contradices, fortaleces su necesidad de aguardar un momento y será muy difícil que cierres la venta. En cambio, si eres empático con él, le caerás bien y en un segundo momento se acercará a ti, en lugar de alejarse. Una vez puestos de acuerdo, podrás explicarle que esperar no cambiará el hecho de que es la compra correcta, puede costearla, su negocio ahorrará dinero y, al tomar la decisión indicada, podrá olvidarse de un problema y resolver los demás. Primero, concuerda, después explícale tu forma de pensar.

Hace algún tiempo, quise añadir un cuarto perro a mi familia. Mi esposa estaba absolutamente en contra de mí. Lo primero que hice fue mostrarle que estaba de acuerdo con ella:

—Tienes razón, mi amor, lo que menos necesitamos es otro gran danés.

Con las cejas levantadas, me dijo:

—¿Estás de acuerdo conmigo?

—Por supuesto. Es verdad, no tiene sentido que tengamos cuatro perros.

En ese instante, miró una de las fotos de nuestros otros perros y sonrió:

—Son tan bonitos cuando están cachorros.

¡*Ding, ding, ding*! ¡Correcto! ¡Bienvenido el cuarto perro a casa! ¿Te das cuenta? Concuerda, comprende, haz que el otro sienta que tiene razón y cierra el trato.

No hay ninguna regla que los vendedores violen tanto como ésta, a pesar de ser la regla de oro de las ventas. *¡Acordar es el camino para conseguir más ventas!* Debes tatuártelo en el cerebro y practicarlo una y otra vez, pues las personas naturalmente tienen una necesidad absoluta de tener la razón.

El reto de acordar

Tienes que practicar, y es mejor que primero lo hagas con un amigo, familiar o colega de trabajo. Hasta te puedes grabar, estudiarte y luego aplicar tus conclusiones en otros momentos.

Éste es el reto: durante todo un día, intenta acordar con todas y cada una de las personas con quienes entres en contacto. Hazlo en tu casa, donde tienes muchas oportunidades para actuar diferente. Te apuesto a que no cumplirás ni un día sin violar esta regla de oro de las ventas. ¡Inténtalo! Si de pronto te sorprendes discutiendo, vuelve a comenzar, necesitas hacerlo durante un día entero.

Conozco personas que empiezan a hacerlo a las 8:00 de la mañana y a las 8:30 ya tienen que recomenzar.

Tus hijos te dicen que no quieren ir a la escuela. Convéncelos acordando.

—Entiendo que no quieras ir a la escuela en viernes, pero mejor vístete y vámonos.

Tu esposo quiere ir al cine para ver una película de acción pero tú deseas una cena romántica. Primero, concuerda.

—Tienes razón, la noche es perfecta para ir al cine. ¿Por qué no vamos antes al restaurante que acaban de abrir y cenamos algo?

Una vez que estableces el acuerdo, es más sencillo adaptarlos a tus necesidades. Ya estás en el restaurante, es momento de venderle a tu esposo otra cosa o terminarás yendo al cine. De cualquier forma, pasarán tiempo juntos, por lo que ambos salen ganando.

Un cliente te dice que es demasiado dinero. *Ok.* Allá vamos:

—Estoy de acuerdo en que es mucho dinero. Todas las personas que han comprado este producto concuerdan en que este sistema es una gran inversión. Por eso lo quieren comprar de inmediato e instalarlo para comenzar a ganar dinero.

—Un techo nuevo es muy caro —objeta un cliente.

—En verdad es muy caro, pero te durará treinta años más en los que no tendrás que preocuparte de las goteras. Vas a tener que hacerlo tarde o temprano, ¿por qué no de una vez?

Otro cliente te dice:

—La habitación principal es muy chica.

—Tienes razón, es lo primero que yo pensé. ¿Cuál crees que sea la solución?

Primero concuerda y luego dale la oportunidad al cliente para que él encuentre la solución y puedas darte cuenta de qué tan fuerte es su objeción.

—Nunca tomamos decisiones apresuradas —te dice otro cliente.

—Estoy de acuerdo. Las decisiones apresuradas siempre son un error y yo no quiero que hagas eso. Sin embargo, ya lo has pensado un buen rato. Haz usado la misma computadora durante diez años y es hora de que te actualices. Si lo hubieras hecho hace nueve años te habrías apresurado, pero ahora ya no tiene sentido esperar.

¡Acordar con los clientes es la regla de oro de las ventas! Acordar es aun más importante que cerrar una venta y, créeme, me cuesta decirlo, pues yo considero SAGRADO cerrar una venta. Sin embargo, si estás en desacuerdo con alguien antes de cerrar un trato, es posible que ni siquiera llegues a ese punto. Muéstrame al

uno por ciento de los mejores vendedores de cualquier industria y tendrás a un grupo que sabe que, para conseguir lo que quiere, primero debe concordar con sus clientes.

Es increíble cómo la gran mayoría de los vendedores quieren negociar y vender y siempre se ponen en desacuerdo con sus clientes. Esto es lo mismo que nadar a contracorriente. Si el vendedor no se ahoga por el agua que entra a sus pulmones, se ahogará por el cansancio. La mayoría de los vendedores mueren ahogados pues, en la negociación, se la pasan objetando todas las dudas de sus clientes. Empieza a vender concordando con el cliente, continúa acordando con él, haz que sienta que tiene la razón y... ¡después cierra el trato!

¡Tienes razón! ¡Estoy contigo! ¡Concuerdo! ¡Déjame ver qué puedo hacer por ti! ¡Entiendo! ¡Haré lo posible por conseguirlo! ¡Listo!

A pesar de los desfiguros que pueda llegar a hacer alguno de tus clientes, si quieres venderle algo es esencial que tu relación con él se base en un acuerdo.

Algunas personas creen que estar de acuerdo con alguien cuando de hecho no lo estás es una manipulación. Mientras ellos ven una manipulación, yo veo un intento por resolver las cosas. Creo que el desacuerdo te pone fuera de la venta y eso no tiene ningún sentido. Si tú dices que tienes calor y yo tengo frío, puedo concordar contigo en que tu *punto de vista* es correcto. ¿Perdí algo al tomar en cuenta tu punto de vista? Simplemente reconozco que tú tienes calor. No es manipulación, es entendimiento. Tú no me preguntaste qué pienso yo. Todo lo que hice fue estar de acuerdo con que tú tienes calor sin decir que yo tengo frío, lo cual sólo te haría sentir que no tienes razón. Al establecer un acuerdo básico, creas la oportunidad de ayudarle a tu cliente para comprar tus servicios. Si el cliente no tiene la oportunidad de ver lo que tú ofreces debido a un desacuerdo, sé consciente de que cometiste un error al no permitirle verlo desde el punto adecuado. En lugar de eso, provocaste que pusiera atención en el desacuerdo y mirara tus servicios desde una óptica negativa.

¿Cómo ablandar a un cliente?

Pongamos que un cliente te dice que sólo tienes diez minutos para hacer tu presentación y tú sabes que eso no es suficiente. He conocido muchos vendedores que, en lugar de tomar la oportunidad que se les presenta, se gastan esos diez minutos en alegar que no les alcanza el tiempo. Una alternativa más eficaz sería tomar ese tiempo y hacer la presentación. Si comienzas la relación con el cliente a partir de un acuerdo, es más posible que le puedas mostrar los beneficios de lo que vendes. Además, el cliente te considerará una persona razonable, con la que puede entenderse y es profesional.

A lo largo de mi carrera, me he encontrado en cientos de situaciones en que el cliente determina el tiempo para que hagas tu presentación. Me encanta que lo hagan y siempre respondo que es más que suficiente. Por la reacción del cliente, me puedo dar cuenta de que cree que a continuación me meteré en una cabina telefónica, me pondré mi capa y saldré volando. El comprador me comienza a ver como si yo fuera un *supervendedor* y de inmediato se da cuenta de que soy un profesional. Los clientes me respetan pues saben que concuerdo con ellos, no porque le pongo peros a sus objeciones. ¿Qué hizo que cambiara su opinión de mí? No se trató de un truco ni de una manipulación, sino de concordar con él en que tenía poco tiempo y yo estaba listo para trabajar a pesar de esta limitación. En lugar de decir en voz alta mi desacuerdo, me mostré agradecido con él. ¡Prefiero tener sólo un minuto que ninguno! Al concordar con él, puedes comenzar tu presentación. Nada suaviza más a un cliente que un vendedor razonable.

Las palabras mágicas

Tenga o no la razón, debes hacer que el cliente sienta que la tiene para no estancarse en su derecho a demostrártelo.

Si quieres que la gente concuerde con tu punto de vista, sólo debes estar de acuerdo con el suyo. Escucha sus opiniones y ponte en sus zapatos por lo menos una vez.

En cambio, si quieres que una discusión nunca termine, simplemente dile a la otra persona que no tiene razón. Si quieres lidiar con un loco rabioso que te endilgue una y otra vez por qué está en lo correcto, sólo dile que se equivoca. Si por fin quieres que se calle, concuerda con él, así de fácil dejará de actuar como un maniático.

No existe una forma más sencilla de terminar una discusión que concordar con la otra parte. Una amiga mía que llevaba casada más de diecisiete años me dijo que la fórmula mágica para mantener saludable su matrimonio era decirle a su esposo: "Tienes razón." ¿Quién puede discutir así? Al dar por terminadas las discusiones más necias, uno puede ponerse a disfrutar de las cosas importantes de la vida.

Los departamentos de servicio al cliente pueden actuar de la misma forma. Cuando recibas una queja, concuerda con ella.

—¡Echaron a perder todo! —te grita un cliente.

—Tiene razón, señor. Déjeme ver cómo arreglarlo.

Si, en cambio, le dices que se equivoca, sólo echarás más leña al fuego.

Seguramente has vivido este fenómeno en tu vida personal. Intenta hacer el ejercicio de concordar con tu esposa o algún amigo. Espera a que te digan algo y entonces responde que se equivocan. Mira lo que ocurre, acabas de iniciar una discusión. Para terminarla, diles que tienen razón y verás cómo la otra parte se tranquiliza. ¡Fin de la discusión!

En una ocasión, le dije a un vendedor que quería pagar en efectivo, a lo que respondió que no debería hacerlo, que era mejor hacerlo a meses sin intereses. Su respuesta me desanimó, inhibió mi poder de decisión y me alejó de él sin que le comprara nada. Al contradecirme, el vendedor puso una barrera entre nosotros dos e impidió una venta que, de hecho, era bastante sencilla.

Pudo haberme dicho que en efectivo estaba bien y, conforme yo sacara mi cartera, tratar de convencerme de comprarlo a plazos, explicándome la diferencia entre ambos. Así, quizá yo lo habría escuchado.

Concordar es el camino más rápido para conseguir lo que quieres. Hazte un favor y practícalo. Dos de las palabras más poderosas del idioma son "de acuerdo". Otras dos grandes palabras son "es cierto".

Acordar con los clientes significa tener el control de la venta. Clientes felices toman decisiones más rápidas. Los acuerdos generan milagros.

PREGUNTAS DEL CAPÍTULO 9

¿Cuál es la regla de oro de las ventas?

_____

_____

_____

_____

¿Cuántas personas se necesitan para establecer un acuerdo?

_____

_____

_____

_____

Para acordar con alguien, ¿qué debes hacer?

_____

_____

_____

_____

Escribe una respuesta para los siguientes comentarios y luego piensa qué tan bien funcionan.

"Es mucho dinero."

_____

_____

_____

"Un techo nuevo es muy costoso."

_____

_____

_____

"La habitación principal es muy chica."

_____

_____

_____

"Nunca tomamos decisiones apresuradas."

_____

_____

_____

10

ESTABLECER VERDADES

No digas, muestra

En este capítulo aprenderás cómo ganarte por completo la confianza de tu cliente y, al hacerlo, mejorar tu efectividad.

Gracias a una serie de vendedores con poca ética, los clientes tratan a todos con desconfianza, incrédulos de los beneficios de cualquier producto. En los noticiarios y los periódicos es muy común leer noticias de estafadores y charlatanes que hacen que los clientes sospechen de todo. Este escepticismo los mantiene en guardia y hace que sea muy difícil que un vendedor se gane su confianza, la cual es básica para que finalmente tome una decisión.

Sin embargo, no importa cuál sea la causa de su desconfianza, lo que importa es que lo sepas y actúes al respecto. El círculo vicioso de la desconfianza no es problema del comprador, ¡es tuyo! Si el cliente no confía en ti o en tu presentación, se dedicará a minimizar, cuestionar u oponerse a la información que le des. Y sí, el cliente nunca dejará de tomar una decisión, pero no será la que tú buscas. Cuando un posible comprador te dice que necesita pensarlo dos veces, ésa es una decisión, y seguramente no la que quieres escuchar.

Un vendedor siempre consigue una decisión de sus clientes. ¡Siempre! Si deciden pensarlo dos veces, ¡tú los orillaste a eso! De alguna manera, los convenciste de que debían volver a casa con las manos vacías para meditarlo. Si te dicen que mejor lo consultarán con su jefe, ¡tú los llevaste a ello!

Si un cliente no confía en un vendedor o en su presentación, buscará añadirle tiempo a su elección de no decidir. Incluso cuando, a pesar de la desconfianza, logres cerrar el trato, en algún punto el cliente se va a quejar de algo, ya sea cuando reciba lo que compró o utilice el servicio contratado.

Cuando un vendedor puede saber qué pasa en la cabeza de su cliente, entra al reino en que se desenvuelven los profesionales. Este reino se compone no de lo que el cliente te dice, sino de lo que no dice. De lo que se trata es de que puedas ver lo que pasa detrás del telón de la mente de tu comprador. El momento en que un vendedor se decide a llegar ahí, es el momento en que un pintor se convierte en un artista. A lo largo de veinticinco años de estudiar acerca de las ventas, siempre he llegado a esta conclusión.

El potencial cliente no cierra un trato, tú lo haces

Como dijimos antes, los clientes no obstaculizan las ventas, lo hacen los vendedores. De la misma forma, comprende que el cliente tampoco es el encargado de hacer una venta posible. Ocurra o no la venta, ésta depende del vendedor, no del cliente.

Para cerrar una venta, debes entender la mente de tu comprador. Si no puedes reconocer cómo piensan los compradores y las causas para que reaccionen de alguna forma, serás incapaz de tomar la responsabilidad de tus actos y alcanzar tu potencial. En cambio, si logras reconocerlo, entrarás al negocio de las personas y saldrás del negocio de los productos. La gente es gobernada por su propia mente, entiéndela y comprenderás a las personas.

La gran mayoría de los vendedores echan la culpa a los clientes cuando una venta se cae, aun cuando no se lo digan a la cara. Lo dicen después, cuando están con sus colegas: "No se decidió, no sabe lo que quiere, quiere más de lo que puede pagar, sólo me hizo perder el tiempo." Y así hasta la náusea. Nunca he tolerado que la gente con la que trabajo hable así. Este tipo de conducta es reflejo de falta de responsabilidad, y poca responsabilidad es igual a menos ventas.

El vendedor debe asumir su responsabilidad, la del cliente y la de todo lo que ocurra entre ambos.

Una vez, cuando trabajaba en una mueblería, un cliente me dijo que no pensaba comprar nada. Con una sonrisa, le respondí que, si él no compraba nada, eso no era culpa suya sino mía. Con una mueca, me respondió:

—Muy bien. Te diré qué es lo que busco.

A final de cuentas, el cliente *sí* compró algo. Es más, redecoró toda su casa. Lo único que hice fue hacerme responsable de la venta *y de la compra*. Al mismo tiempo, comprendí que su advertencia era un reflejo de su mente, no de él. Lo único que un cliente debería hacer es darte su dinero.

Un cliente que afirma que no piensa comprar nada no confía en ti o bien duda de su habilidad para decidir correctamente. Para ti, es vital que comprendas por qué no confía en ti o en su capacidad para decidir. Estos puntos deben ser comprendidos y resueltos.

Cuando conozcas a alguien y puedas percibir que desconfía de ti, no lo tomes de manera personal. ¡Ni siquiera has abierto la boca! Quizá, la camisa azul que llevas puesta le recordó a alguien con quien está molesto. ¡Yo qué sé! Lo que sí sé es que, si no lidias con esto, jamás conseguirás venderle algo.

Credibilidad igual a más ventas

¡La falta de confianza te costará ventas! La desconfianza te restará credibilidad. La falta de credibilidad reducirá tus oportunidades para cerrar un trato.

La credibilidad es uno de tus bienes más preciados como vendedor. Cuando algo pone en entredicho tu palabra, es muy difícil que el cliente confíe en ti y haga negocios contigo. Si existe un asomo de duda, no importa qué digas, que te hinques y ruegues; date cuenta de que el trato se saldrá de tus manos si no haces algo por obtener la confianza del cliente. Debes reconstruir tu credibilidad de inmediato. Ignorar este hecho no hará que desaparezca, ¡tienes que resolverlo! Cuando un cliente no confía en ti, podrás usar las mejores frases de la historia, éstas caerán en oídos sordos.

Un gran vendedor se hace responsable de la desconfianza del comprador, la acepta y nunca lo toma como algo personal.

Yo siempre asumo que el cliente no cree una palabra de lo que le digo. Incluso, puede llegar a dudar de que mi nombre sea verdadero, por eso me hago de cosas para que los clientes puedan confiar en lo que les digo. Cuando hablo con ellos, escribo las cosas, les muestro folletos. Si le digo a un posible comprador que la propiedad tiene tantos metros cuadrados, le muestro el documento que lo testifica. Esto logra que el comprador se dé cuenta de que soy digno de su confianza y sé de lo que hablo. En el futuro, ¡creerá en lo que le diga!

La gente cree en lo que ve, no en lo que escucha

¿Alguna vez has notado que los clientes no te dedican toda su atención? Esto ocurre porque los compradores asumen que no pueden confiar en los vendedores.

La gente cree en lo que ve, no en lo que escucha. Siempre pon por escrito tus presentaciones, ofertas y precios para que los clientes puedan verlos con sus propios ojos.

Tus clientes potenciales no creerán en las palabras que te escuchen decir, sino en tus palabras cuando las puedan ver. Cuéntale a cualquier persona la historia de una conspiración absurda e irreal y luego enséñale el lugar donde la leíste. Si está escrita, se volverá más real para él.

Hace algún tiempo quería que un amigo bastante rico invirtiera conmigo en un negocio de bienes raíces. Cuando me acerqué a él, no le dije nada de la propiedad, del negocio o de la inversión. Decidí no perder ni un segundo para repetirle lo mismo que él había escuchado tantas otras veces. Le llamé por teléfono y le pregunté si podíamos vernos para que me diera su opinión sobre una inversión que estaba a punto de hacer y expandiría mucho mis negocios. Le enseñé la propiedad, le mostré a los inquilinos, mis posibles competidores y todas mis posibilidades al respecto. ¡En menos de treinta minutos, me detuvo y me preguntó si podía invertir en el negocio!

Quiero que ésta se convierta en una de tus principales reglas: asume que tu comprador, sea alguien que conozcas o no, nunca creerá ninguna de tus palabras y sólo creerá en lo que seas capaz de mostrarle.

Como dijimos antes, hay muchas razones que motivan la desconfianza de los clientes y es necesario saber cuáles son. La más común, y sin embargo la menos considerada, es que en el pasado el comprador se ha enfrentado a vendedores que mienten, exageran y maquillan las cosas. Debes asumir que, en algún punto de la vida, él ha hecho lo mismo con alguien más. Puede haber sido algo grave o sin importancia, como cuando le dijo a sus padres que no podía ir a la escuela porque se sentía mal. El caso es que el comprador sabe que los demás son capaces de exagerar o incluso de mentir pues, como ya dijimos, *¡él también lo ha hecho!* Así, el cliente cree que, si él lo hizo, tú lo harás, incluso aunque sea tu intención. Da lo mismo que seas muy honesto o tengas mucha integridad, el hecho es que tu cliente potencial te cree capaz de hacer cosas de las que él se siente culpable. Esta creencia y desconfianza son reales para tu comprador, más reales que todo lo que puedas decirle.

La desconfianza aumenta cuando a tu comprador potencial lo han estafado o si tuvo algún malentendido y recibió algo distinto de lo que creyó comprar. La gente tiene malentendidos todo el tiempo y estos generan desconfianza. Quiero mostrarte un pequeño ejercicio para que veas que tengo razón: escribe una pequeña historia de algo que te haya pasado y luego léesela a alguien. Luego, pídele que se la cuente a alguien más. Mantén el ejercicio hasta que cinco personas hayan escuchado la historia; ve con la última, pídele que te la diga y compárala con lo que escribiste. Te aseguro que será muy distinta y ello no se debe a que alguno le haya agregado una mentira, sino al simple hecho de que la gente malinterpreta y se equivoca. Si en lugar de decírselas, les hubieras pasado el papel en que la escribiste, el espectro de errores se reduciría notablemente.

¿Cómo manejar la desconfianza del comprador?

La regla número uno para manejar la desconfianza de un cliente es mostrarle material impreso que valide tu información. Cuando documentes los datos de lo que vendes, es preferible que utilices materiales de alguien más que validen lo que dices. Recuerda, las personas creen en lo que ven, no en lo que escuchan.

Y siempre, siempre, *siempre* escribe lo que dices, lo que ofreces, lo que propones, lo que prometes y lo que sugieres. Cada vez que estés a punto de cerrar un trato, insiste en ponerlo por escrito.

Conozco a muchos vendedores que se avergüenzan de los contratos, de las órdenes, de las firmas. ¿Por qué? Porque tienen la falsa creencia de que los clientes se asustan cuando sacas pluma y papel. Ésta es una idea ridícula que no tiene fundamento.

Tú no irías a la guerra sin armas y provisiones, ¡tampoco debes cerrar un trato sin un contrato y una pluma! No hay nada que esconder. No eres un agente encubierto ni un criminal que se debe dar a la fuga, eres un vendedor profesional que ayuda a otros a resolver sus problemas o a recibir los beneficios del producto que vendes.

Cuando hagas una presentación de tu mercancía, ponla por escrito o escribe sus beneficios en un papel. Si les muestras un producto que los ayudará a mejorar su negocio, apoya tus dichos con estadísticas o con casos exitosos. Aunque no lo creas, durante muchos años yo cargaba conmigo un cuaderno en el que podía demostrarle a mis clientes los beneficios de hacer negocios conmigo. Las personas adoran darse cuenta de que estás preparado y tienes plena convicción en las cosas que vendes.

Cuando dices a tus clientes lo que sus competidoras harán o dejarán de hacer, muéstralo por escrito. Cuando sabes que tienes el mejor precio, el mejor producto, el mejor servicio, siempre acompaña la información con documentos. Si lo haces bien, reducirás la necesidad del cliente de pensarlo dos veces, de investigar y pedirle su opinión a otras personas, además de que elevarás tus probabilidades de cerrar el trato.

Es increíble la importancia que le dan las personas a la palabra escrita. Tú quieres capitalizar eso. Todos los días, la gente cita cosas que leyó en alguna parte sin detenerse a investigar si se trata de algo cierto. Simplemente asumen que, si está impreso, ¡debe ser cierto! La gente lee muchos libros en la escuela y luego se pasa la vida entera convencida de que lo que leyó era cierto. Hace veinte años, alguien escribió un libro cuya primera línea decía: "La vida es difícil." Este libro se volvió un éxito de ventas y la gente adoptó esta creencia como si fuera cierta, aunque no sea más que basura. Sin duda, yo no creo en la veracidad de esta línea y de ninguna manera vivo mi vida bajo esa creencia. Pero, como estaba impresa, la gente asumió que debía ser cierta y la adoptó como una realidad propia.

Los periódicos, por ejemplo, perpetúan hechos inciertos y los libros de historia están llenos de errores, opiniones, datos falsos, intereses creados y mentiras descaradas. Algunos de los libros más populares sobre hechos del pasado se escribieron mucho después de que los protagonistas habían muerto. Sí, si está escrito, la gente cree que es cierto. ¿Te acuerdas de la película *Jerry McGuire*, donde el personaje interpretado por Cuba Gooding Jr. le decía a Tom Cruise: "¡Enséñame el dinero!"? Pues bien, en ventas, el cliente es Cuba gritando: "¡Enséñame tus datos!" Ése es el punto: dale pruebas a tu cliente potencial, vuélvele real lo que dices y te ganarás su confianza para comprar.

Hoy en día hay tanta información disponible a través de asociaciones, guías del consumidor, internet y demás fuentes, que los clientes dependen cada vez más de datos duros para tomar decisiones. Los compradores no dejarán de confiar en esta información, así que es forzoso que la busques y se las presentes para ayudarlos a tomar una decisión.

Cada vez que le presentes a alguien información sobre un producto, reportes de funcionamiento, datos, hechos históricos, comparaciones, listas de precios, propuestas, etcétera, la regla básica es *no digas, muestra*. La industria automotriz, por ejemplo, es reconocida por su falta de interés para dar información; por ello, cada cierto tiempo sufre un declive en sus ventas y tiene poca credibilidad. Su premisa parece ser "mientras menos sepan, ¡mejor para nosotros!" Nada puede ser más falso. Mientras más sepan los compradores, más fácil es que confíen en uno y que decidan gastar. Ofrece información por escrito y verás cómo se te facilita cerrar tratos, ganar más dinero y tener clientes satisfechos.

Como vendedor que soy, prefiero a un cliente informado que a uno desinformado por la sencilla razón de que el primero puede tomar una decisión y puedo interactuar con él de manera lógica. En cambio, el comprador desinformado tiende a basar sus decisiones en cuestiones emocionales. Cuando escasean los hechos, los datos y la lógica, la gente se vuelve emocional y, por lo tanto, irracional. Está bien usar la emoción en tu favor, pero lo que quieres es contar con hechos, datos y lógica. Aunque no lo creas, un comprador bien informado es más fácil de convencer. Alguien que no está informado sobre un producto esperará que le hagas una oferta irreal, es decir, una oferta basada en la emoción, no en la lógica. Cuando cierro un trato, yo busco hechos, lógica, no emociones. Por eso, a mis clientes les proveo información que valida mis dichos y les genera confianza.

Tips para usar material impreso y visual al momento de cerrar un trato

- Nunca vendas palabras, siempre muestra documentos.
- Nunca negocies con palabras, pon por escrito los acuerdos.
- Nunca cierres un trato sólo de palabra, siempre usa notas de pedido.
- Nunca hagas propuestas de manera verbal, siempre ponlas por escrito.
- Mientras más datos tengas, mejor. Nunca es demasiado.
- Ten tu información actualizada.
- Mantén disponible la información y de fácil acceso.
- Mientras más información tengas de terceros, mejor.
- Mientras más puedas acceder a la información de manera espontánea, mejor. La información que puedes consultar en el instante siempre es más confiable que la que parece preparada de antemano.
- Siempre que sea posible, usa información generada por sistemas de computación.
- Trata de tener una conexión a internet en todo momento, así podrás brindarle la información al cliente de manera que éste sepa que no la has manipulado.

Facilita que tus compradores puedan investigar un poco mientras tú estás con ellos y no cuando se van a sus casas, donde tú no podrás acompañarlos. Si el comprador quiere buscar información por su propia cuenta, aliéntalo a hacerlo.

Después de muchos años de asesorar a cientos de compañías para mejorar sus sistemas de ventas, siempre he motivado a dueños, directivos y vendedores para tener a la mano información sobre su competencia, de manera que el cliente no deba abandonarlos e investigue por su propia cuenta.

Ayúdalos a creer en ti

La gente quiere creer en ti, pero debes ayudarla. Si cuentas con un buen producto o un buen servicio, entonces ayúdate un poco y fortalece tu presentación con información por escrito. De esta manera, el cliente no tiene que confiar en ti: al leer que lo dicho es cierto, no le queda más opción que creerte.

Alguna vez tuve que ofrecer un condominio de 144 casas que a los ejecutivos les estaba costando vender. Por ende, decidí ir al lugar y ver qué pasaba. Llegué a la oficina del sitio y pedí que me hicieran la demostración como si yo fuera un cliente. Entonces me di cuenta de que, entre su documentación, no había una lista de espera y la lista de precios estaba en otra oficina. Los ejecutivos no pudieron hacerme un plan de pagos y la información del proyecto no estaba disponible. Tampoco había manera de consultar los precios de la competencia y por ningún lado se veía algún elemento que desmintiera la mala fama del vecindario.

Entonces decidí despedir a los líderes del proyecto y los sustituí con un grupo de gente que, si bien era inexperta, tenía ansia por aprender. Después me aseguré de que tuvieran toda la información disponible para los clientes. En un mes vendimos treinta casas. Este nuevo grupo de gente vendió treinta veces más en un solo mes que el otro grupo en todo un año.

Muchas personas desconfían de la carrera de vendedor sólo por un grupo de criminales o por un montón de vendedores novatos, cuya falta de acción les impide darse cuenta de una de las reglas básicas de las ventas: *la gente no cree en lo que escucha sino en lo que ve.* Así que muéstrales, no les digas.

PREGUNTAS DEL CAPÍTULO 10

Enlista, según lo sugiere el autor, tres razones por las que la gente no confía en los vendedores.

1. _____

2. _____

3. _____

¿De quién es el problema de la desconfianza del comprador?

_____

_____

_____

_____

Cuando un cliente no confía plenamente en un vendedor o en una presentación, ¿qué elemento añade a este círculo vicioso?

_____

_____

_____

_____

Da un ejemplo de alguna ocasión en que no hayas confiado en un vendedor o en una presentación y pediste un poco de tiempo para pensar la pertinencia de tu compra.

_____

_____

_____

¿Cuál es el instrumento más importante de un vendedor?

_____

_____

_____

_____

El autor sugiere que las personas no creen en lo que escuchan sino en lo que ven. Explícalo.

_____

_____

_____

_____

Según el autor, ¿cuáles son las cuatro formas para establecer la confianza de alguien?

1. _____

2. _____

3. _____

4. _____

11

DAR Y DAR Y DAR

La magia de dar y dar y dar

Vender es el acto de dar, no de recibir; es el acto de servir, no de pedir. Desafortunadamente, la mayoría de los vendedores están más preocupados en calcular el monto de su comisión que en poner atención en las cualidades de sus productos y los beneficios que sus clientes van a recibir con ellos.

Estoy seguro de que la verdadera esencia de las ventas no recae en el deseo de cerrar una venta, sino en querer ayudar. También creo que una persona espiritualmente abierta puede ser un mejor vendedor que quien sólo se interesa por su compensación.

Creo y he comprobado que, si en la vida das suficiente, ésta te devuelve más a ti. Lo mismo ocurre en las ventas y con esto no me refiero a bajar el precio de tus productos o darlos gratis, sino a prestarle más atención al cliente, poner toda la energía de tu parte, asumir la mejor actitud y dar el más alto nivel de servicio.

Dar y dar y dar te asegura que vas a vender y vender y vender. Si tu cliente te pide otra opción, muéstrale tres, seis, veinte.

Alguna vez creé un programa de computadora para vendedores al menudeo basado en la filosofía del dar y dar y dar. El programa se llama Epencil™ y da al usuario muchas opciones para manejar varios productos de manera sucinta y profesional. Ese programa resultó ser muy útil para la industria automotriz, en la que durante muchos años los vendedores se acostumbraron a limitar la información a sus clientes. Lo que yo hice fue armar un programa que le diera información sobre planes de pago, paquetes e información de precios. De esta manera, en lugar de sentirse usado, el cliente siente que fue servido. El resultado de aplicar la filosofía del dar y dar y dar produjo una aplicación que incrementó ganancias y ventas, además de que hizo que los clientes quedaran satisfechos. ¿Por qué? Porque está completamente apegada a la lógica de que el servicio es más importante que la venta y dar es más importante que recibir.

Si alguien me pide un trago, yo voy por la botella, la destapo y se la paso con un vaso con hielo y una servilleta. Eso es dar y dar y dar. No me detuve a preguntar si quería el vaso o el hielo, se los doy junto con la botella y dejo que él se sirva la cantidad que quiera. Si no quiere hielo, sólo tiene que decírmelo para que vacíe su vaso. Si soy un mesero, no te pregunto si después de la cena quieres algo dulce, voy y te enseño el carrito de postres, te digo cuál es mi favorito y te reto a que no te guste. ¿Te fijas? Parece que el postre forma parte de mi servicio y no sientes que te lo quiero vender.

Una vez, una amiga me contó una historia que ilustra a la perfección la filosofía del dar y dar y dar. Una tarde, ella y su esposo salieron de un restaurante de Nueva Orleans y caminaron por la calle tomados del brazo. Entonces se les acercó un tipo barbudo, enfundado en un grueso saco. El hombre parecía un delincuente y le preguntó al esposo si podía cantarle una serenata a su mujer. Incómodo, dijo que sí y entonces el hombre se hincó en la banqueta y comenzó a cantar. En palabras de mi amiga, la voz que salió de la garganta de aquel extraño era una voz llena de poder y pasión, capaz de tronar todas las ventanas de la calle. El hombre cantó a lo largo de dos minutos, y en cada segundo era posible sentir que ponía el corazón y el alma entera en su voz, comprometiendo cada fibra de sus ser. Cuando terminó, ellos se quedaron mudos. Tras salir del anonadamiento, el esposo le entregó al tipo un billete de cien dólares. Con lágrimas de gratitud, el hombre le dio las gracias y salió corriendo a un coche destartalado en donde lo esperaban su esposa y sus hijos. Lo único que hizo el tipo fue ofrecer su voz, ahí y en ese instante, pues de ello dependía que su familia pudiera comer aquella noche. El esposo de mi amiga, un viejo empresario, me dijo que quedó tan impresionado con la voz del hombre que sintió que cien dólares había sido muy poco dinero a cambio de lo que ellos acababan de recibir. El limosnero puso toda el alma en su voz y dio, dio y dio sin saber siquiera si la pareja le entregaría algo a cambio. A pesar de eso, durante esos dos largos minutos él se entregó por completo a ellos.

Entrégate por completo a tus clientes, no les des sólo una parte de ti. Dales toda tu atención, energía, ideas, conocimientos, y luego encuentra algo más que darles. Supera todas sus expectativas, entrégate por completo y hazlo hasta el final y un poco más allá. No tengas reservas, entrégate sin miramientos.

Como comprador, yo no quiero tener que pedirle algo a un vendedor, quiero que él me lo ofrezca, que sepa predecir mis necesidades y las resuelva, que me dé lo que busco y me ayude a tomar una decisión. Esto me demuestra que se quiere hacer cargo de mí, que piensa como yo y puede entender mis expectativas y, al mismo tiempo, superarlas. ¡Trato hecho!

Ama a la persona que tienes enfrente

Siempre ponle atención a tus clientes y acompáñalos de principio a fin sin distraerte. Demuéstrales que son las personas más importantes para ti de todo el universo. Si puedes hacerlo, serás recompensado. Si quieres cazar dos conejos al mismo tiempo, ambos terminarán por escapársete. Comprométete con la persona con la que te encuentras sin reserva alguna. Después te podrás hacer cargo del teléfono o del correo electrónico, no permitas interrupciones.

Haz un compromiso completo por la oportunidad que representa el cliente frente a ti y demuéstraselo. Entrégale todo tu ser a tus clientes para que sepan que estás con ellos. A pesar de que los interrumpa el teléfono o algo logre distraerte, hazles saber que tu atención está puesta en ellos. Comúnmente, las personas se sienten ignoradas; haz que tus clientes sientan lo contrario contigo. ¡Dales toda tu atención de principio a fin! Dales y dales y dales toda tu atención y no dejes de hacerlo hasta que se logren sentir como en casa.

Ponte el objetivo de entregarle cien por ciento de atención a tus clientes sin que te importe lo mucho que te vayan a comprar o lo difícil que parezca convencerlos de que compren algo. Los seres humanos son más valiosos que el dinero, trátalos como tales y serás recompensado.

En el negocio de las ventas, debes estar dispuesto a servir a las personas, no sólo a venderles. Para que un negocio funcione y prospere, debe ayudar a las personas, no sólo venderles productos. Eso significa hacerse cargo de los clientes y superar sus expectativas. Los mejores vendedores que he conocido no son los que hablan más rápido, sino los que mejor saben servir. Los profesionales se preocupan más por sus clientes y llegan más allá de lo que otros imaginan, pues siempre encuentran maneras de mejorar la calidad de vida de sus clientes.

Hotel Four Seasons o Fiesta Americana

Como vendedor, ¿eres un Four Season o un Fiesta Americana? Sé honesto contigo mismo y verás por qué ganas lo que ganas. Si la mayor parte de tus clientes se quejan por tus precios, entonces para ellos el nivel de tus servicios no es suficiente, pues de otra forma no se quejarían, ya que apreciarían el tipo de servicios que ofreces.

En una ocasión, tuve que vender 1 700 departamentos. Había tantos agentes de bienes raíces interesados en venderlos por mí que podría haberlos formado alrededor de toda una cuadra, pero yo no confiaba en que ninguno de ellos me diera el servicio que yo necesitaba. Le di el trabajo a una persona en la que confiaba e incluso le pagué el doble de lo que me pedían los otros. Si lo escogí a él, fue porque estaba seguro de que me iba a dar buenos consejos y de que su servicio sería el mejor. Tenía confianza en él y estaba dispuesto a pagarle más sólo por este hecho. ¿Por qué? Porque, como la mayoría de la gente, no busco el mejor precio sino el mejor servicio, el mejor producto, la mejor representación. Cuando contrato a alguien, me gusta saber que estará a mi disposición cuando lo necesite, que no habrá demasiados problemas y, si los hay, será capaz de solucionarlos por mí.

Vender significa ayudar, no sólo convencer. Si a ti te gusta ayudar a la gente y además cumples con otros requisitos, puedo decirte que tienes mucho futuro en esta carrera. Muchos de los vendedores que he conocido a lo largo del tiempo pudieron llegar a ser grandes vendedores si no estuvieran convencidos de que sus herramientas principales son trucos y engaños. Para vender no necesitas trucos ni engaños, más bien, necesitas estar dispuesto a ayudar. Mientras más preparado estés para demostrar una actitud de servicio, más sencillo será tu trabajo. Y créeme, sin que importe qué tan servicial seas, deberás prepararte para la pregunta que cierra la venta: ¿el pago será en efectivo, cheque o tarjeta de crédito?

El servicio es el único camino para elevar tus precios y deshacerte de la competencia. Un vendedor empecinado en echarle la culpa de sus resultados como vendedor a los precios de sus productos jamás podrá darse cuenta de esto. El precio no es la solución, nunca lo ha sido y nunca lo será. Lo mismo con los productos: por más bueno que sea el tuyo, siempre habrá alguien que lo mejore y pueda venderlo a menor precio.

Un comprador estará dispuesto a pagar más siempre y cuando reciba a cambio un buen servicio, una buena actitud, facilidad de compra y que lo hagan sentirse especial. Así que busca cómo lograr que tu servicio sea distinto al de los demás. Ir a tu cliente en vez de esperar que éste venga a ti es brindar un servicio. Darle opciones a tus clientes es dar un servicio. Enviar regalos, flores, notas o simplemente ir a saludar de vez en cuando es brindar un servicio. Dar una gran sonrisa, poner toda tu atención y tener una buena actitud es dar un servicio. Piénsalo: lo barato cuesta caro.

¿Qué puede conseguir uno a menor precio? Un peor servicio. Puedo conseguir una habitación en el Fiesta Americana por la cuarta parte de lo que me cuesta en el Four Seasons. ¿Qué consigo al ahorrarme cuatrocientos dólares? Una habitación desarreglada, pocos servicios extras y una pésima actitud de cada empleado. ¿Cuál es la diferencia entre una habitación de cuatrocientos dólares y una de ochenta? ¡El servicio!

Es muy sencillo encontrar ejemplos de compañías que apuestan por dar un gran servicio a costos elevados. La gente hasta presume haber pagado más con tal de comprar ahí. Tiffany's, Four Seasons, American Express. Incluso hay *boutiques* y peluquerías donde un corte puede costar setecientos dólares. ¿Por qué? Porque no venden cortes de pelo, venden servicio y lo dan en abundancia.

Este tipo de ejemplos también se aplican a los vendedores. Si elevas tu nivel de servicios y te diferencias de los demás, muy pronto todos dejarán de quejarse de tus precios y te comprarán a ti y a nadie más. ¿Cuántas veces estás dispuesto a mostrarle respeto a tu cliente para que éste quede satisfecho contigo?

Una vez asistí a un seminario sobre ventas en el que uno de los ponentes aseguró que nunca era una buena idea llamarle a un comprador para preguntarle cómo le resultó el producto que te compró, pues era abrir la puerta a una queja segura. Aunque la gente estuvo de acuerdo, yo sólo pude estar en desacuerdo. *Si mis clientes tienen un problema, yo quiero saberlo para intentar resolverlo.* Para mí, un problema o una insatisfacción es una oportunidad para brillar, diferenciarme del resto y... vender. Un cliente insatisfecho no es un problema del departamento de servicios al cliente, es un problema de *mi* cliente y, por lo tanto, quiero ayudar a resolverlo.

TIP:
Problemas = oportunidades para futuras ventas.

El servicio es más importante que la venta

Por más dinero que se invierta en comunicación o relaciones públicas, no hay manera de revertir el efecto que un mal servicio tiene sobre el cliente. Mi esposa y yo compramos ropa dos veces al año. Una vez, decidimos comprarla en una tienda departamental que acababan de abrir cerca de nuestra casa, pues proyectaba una imagen de servicio personalizado y buena atención al cliente. Después de veinte minutos de caminar por toda la tienda, ningún empleado se había acercado para ver si podía ayudarnos en algo. ¡Ni siquiera nos saludaron! Era increíble. Éramos dos compradores deseosos de llevarnos algo y durante veinte minutos nadie quiso atendernos, ni siquiera nos tomaron en cuenta. ¿Qué pensaban? Salimos de la tienda furiosos y prometimos que nunca más compraríamos ahí. Nunca más, me dije, perdería un minuto de mi vida en esa tienda. Cuando volví a casa, abrí mi correo y, ¿qué me encontré? ¡Una invitación con la que la tienda departamental me informaba de sus grandes rebajas!

El servicio siempre es más importante que la venta. Siempre. Uno de los mejores ejemplos que conozco al respecto es mi amigo Gavin Potter. Aun cuando lo considero un amigo, siempre logra venderme la idea de contribuir con alguna de las tantas fundaciones en que participa. Debido al extraordinario servicio que me da, no lo considero un vendedor, sino un amigo. Sin duda, es un gran vendedor, pero es mucho más que eso gracias al alto nivel de calidad de sus servicios y a que está realmente comprometido con lo que hace. Ambos elementos son pieza fundamental de su éxito y el uno sin el otro lo volverían un vendedor mediocre. Por suerte, Gavin tiene ambas esferas cubiertas: la del servicio y la del compromiso. Te apuesto que, si Gavin midiera su desempeño, encontraría que sus ventas son elevadas gracias al tipo de servicio que da. Él sabe que el servicio es más importante que la venta y por eso es uno de los mejores.

Debes ser capaz de incorporar en tus prácticas como vendedor éstas que te digo: la filosofía del dar, dar y dar y la de ofrecer un servicio extraordinario, aumentará tu nivel como vendedor en grandes proporciones. Ganarás un tipo de confianza invaluable, más valiosa que cualquier cantidad de dinero. Serás capaz de darte el valor que quieras, ir a donde gustes, trabajar con quien desees, vender el producto que sea y proveerte a ti y a tu familia de maneras que la demás gente ni imagina. También obtendrás un estilo de vida que muy poca gente conoce, libre de estrés y preocupaciones. Así que da todo de ti mismo y brinda un servicio que no tenga paralelos.

PREGUNTAS DEL CAPÍTULO 11

En tus propias palabras, ¿qué quiere decir el autor cuando afirma que vender es dar, no recibir?

_____

_____

_____

_____

Menciona cuatro ventajas que puedas ofrecer a tus clientes que no sea bajar el precio de tus productos o servicios.

1. _____

2. _____

3. _____

4. _____

Menciona cuatro ejemplos de cosas que puedas dar y no te cuesten ni un centavo.

1. _____

2. _____

3. _____

4. _____

¿A qué se refiere el autor cuando dice que debes amar a la persona que tienes enfrente?

_____

_____

_____

_____

¿Qué cosas debes mejorar inmediatamente para dar un servicio tipo Four Seasons?

1. _____

2. _____

3. _____

4. _____

¿Cuál es el único camino para elevar tus precios y distinguirte de la competencia?

_____

_____

_____

_____

12

LA DIFICULTAD DE LAS VENTAS

Una venta difícil

Hay quienes dicen que, antes de obtener un sí, debes preguntar cinco veces. No sé si es cierto o falso, pero sí te puedo decir que la mayoría de la gente no comprará nada a menos de que alguien les pregunte, y nadie le dirá que sí a alguien que muy rápidamente deja de preguntar. Según mi propia experiencia, en el momento en que dejas de preguntar, el trato muere.

También, por experiencia propia te puedo decir que la mayoría de la gente no te dará un solo peso a menos de que se lo pidas, seas persistente y te mantengas ahí. Con esto no quiero decir que debas presionar al cliente, simplemente debes soportar ese momento en que tanto el cliente como tú se sienten un poco incómodos. El vendedor debe hacerlo porque muy en el fondo sabe que su producto o su servicio es el indicado para el cliente. El vendedor, pues, debe estar dispuesto a mantenerse ahí, a un lado del cliente, a pesar de que la situación se vuelva difícil o incómoda. A eso me refiero cuando hablo de la "dificultad de las ventas".

Alguna vez un comprador me dijo que lo estaba presionando. Yo le respondí:

—Señor, con todo respeto, usted confunde mis ganas por ayudarlo. Discúlpeme si parezco demasiado entusiasta, pero sé que esto es lo correcto para usted. Ahora, hagámoslo.

Cuando llegas a este punto, estás absolutamente convencido de que tu compañía o el producto que ofreces es la mejor opción para tu cliente. En este punto, estás seguro de que tu servicio es superior a cualquier otro y es lo que más le conviene al comprador; por ello puedes insistir, pues sabes que es lo correcto y lo crees tan profundamente que no te cuesta trabajo quedarte ahí, a pesar de que el cliente reniegue, dé excusas y se ponga difícil.

Una de las mejores vendedoras que he conocido es una mujer que se llama Charmainge. Ella se dedica a administrar una serie de fundaciones y es maestra en su negocio. Como te puedes imaginar, no vende ningún producto material y tangible, lo que ella vende es recaudación de dinero para obras de caridad. Una noche me llamó para pedirme una cita. Accedí a verla, pero de antemano le dije que no iba a dar ningún dinero, pues ya había donado mucho a otras fundaciones. Ella me dijo que sí, que no tenía ningún problema con eso, que sólo quería verme para ponernos al día. Cuando llegó, platicamos durante varios minutos, hasta que finalmente me pidió que pensara por segunda vez la posibilidad de donar alguna cantidad. Yo le respondí, por supuesto, que no, ya le había dicho que no lo haría, ya había donado suficiente ese año. Ella no se dejó sorprender por mi ataque de enojo y simplemente me dijo que la razón por la que me irritaba tanto al decirle que no era porque yo sabía que lo donado no era suficiente. Yo no podía creer su audacia para revirarme las cosas. En un principio me paralicé, luego comencé a reírme y finalmente hice lo que hace la gente cuando la convencen: di más. Charmaigne está dedicada por completo a la causa y por eso es una gran maestra en el área de la recaudación de fondos para fundaciones. Piénsalo, ella pudo haber sido "educada" y dejar de insistir en el momento en que yo le contesté lleno de ira, pero en vez de eso se quedó a mi lado y cerró el trato. La voluntad de quedarse e insistir aun cuando los clientes se ponen groseros es lo que separa a los profesionales, que cierran todos sus tratos, de los *amateurs*, que los cierran de manera azarosa.

Si no crees de corazón que el producto o el servicio que ofreces es capaz de darle a tu cliente más felicidad, beneficios o seguridad que el saldo de su cuenta bancaria, entonces nunca serás un gran vendedor ni podrás comprender el concepto de la "dificultad de las ventas". Si, en cambio, estás convencido y aprendes cómo cerrar un trato, entonces estás muy cerca de dominar la "dificultad de las ventas". ¡Es todo un arte!

La fórmula para lograr una venta difícil

Sólo hay un par de cosas que te pueden llevar al punto de ser un verdadero profesional de la venta difícil:

1. Debes creer que lo que ofreces es lo correcto para tus clientes.
2. Debes estar entrenado para quedarte en la negociación con el cliente *pase lo que pase.* Tienes que poseer un arsenal de herramientas para responder a reproches, argumentos emocionales y cualquier tipo de objeción. Si quieres conocer estas herramientas, visita mi sitio web: www.grantcardone.com.

La receta para cerrar un trato

No hay escapatoria, para cerrar un trato debes saber qué decir y sonar natural. ¿Esto significa que deberás tener un montón de respuestas preparadas con anticipación para responder las objeciones de tus clientes? ¡Claro que sí! Es como una receta. Se necesitan ciertos ingredientes, combinados de cierta manera y con un orden específico para cocinarse a cierta temperatura y durante cierto lapso de tiempo. Hazlo tal como lo dice la receta y podrás anticipar el resultado; cambia alguna cosa y no podrás hacerlo. Mientras más practiques tus respuestas, más natural sonarás. Como tu abuela que, con los años, hace ese pastel que tanto te gusta sin siquiera tener que leer la receta. Lo ha hecho tantas veces a lo largo de los años que ya no necesita revisar la lista de ingredientes. Ella sabe lo que hace y cada vez que pone el pastel a hornear, sale perfecto. Cerrar un trato es exactamente lo mismo. No tiene nada de malo aprenderte lo que dirás a continuación y la manera en que te conducirás en cualquier tipo de situación.

Si fueras a dar una conferencia de prensa mundial, te aseguro que estarías dispuesto a tatuarte tu discurso con tal de aprendértelo. Es más, seguro te pondrías a considerar el efecto de tus palabras antes de salir simplemente al mundo a decirlas. De la misma forma te debes comportar si quieres dominar el arte de cerrar hasta la venta más difícil.

Debes practicar tus respuestas hasta que sepas responder de manera inteligente a la resistencia de tus clientes. Yo practiqué las mías durante años. Cada mañana, me reunía con un compañero de trabajo y juntos practicábamos hasta las situaciones más inimaginables. Este entrenamiento me convirtió en un vendedor letal capaz de cerrar cualquier trato. Es muy fácil: si no puedes hacerlo, pierdes.

He trabajado en varios tipos de industrias y si de algo me he dado cuenta es de que las objeciones son parecidas en cualquier campo, por lo que mis técnicas eran útiles, sin importar en qué ramo me desempeñara. Si no puedes ser persistente porque no tienes material para inventar nuevas respuestas, entonces nunca alcanzarás el nivel necesario para cerrar hasta las ventas más difíciles. Y si no aprendes a cerrar hasta los tratos más duros, ¡entonces nunca alcanzarás el nivel de los verdaderos maestros!

Te sugerí que trabajaras en la manera en que podrías manejar cualquier situación. No quiero que te paralices o te sorprendas, ni que huyas a un lugar lejano para averiguar qué debes hacer. Tampoco quiero que te acostumbres a regresar a casa para arrepentirte de todo lo que pudiste decir o hacer de manera diferente para salirte con la tuya; eso déjaselo a los *amateurs*. Para ser un profesional y conseguir sus resultados, debes saber qué decir y hacer antes de que la situación ocurra.

Grábate a ti mismo y perfecciona tu manera de comportarte. Durante mucho tiempo, yo me grabé para saber reconocer mis gestos, el lenguaje de mis manos y cualquier tipo de movimiento involuntario de mi cuerpo. Durante el día, escribía todas las objeciones que me decían los clientes y, a la mañana siguiente, me reunía con mi compañero para practicar con él hasta que ambos quedáramos satisfechos. La práctica hace al maestro. De cualquier forma, ya te encuentras vendiendo algo; pero de seguro lo haces de forma inconsciente y nada más refuerzas tus malos hábitos en lugar de los buenos.

El que se levanta, pierde; el que se sienta, gana

Muchas veces he visto vendedores que comienzan a negociar parados, lo cual es un error muy común. Se quedan ahí, parados, mientras hablan de precios, planes de pagos, programas, garantías, beneficios; hablan y hablan y nunca muestran lo que dicen. ¡De ninguna forma me sorprende que no logren cerrar un trato! Hablan mucho y no hacen nada por establecer credibilidad. Recuerda, el comprador podrá creer lo que ve, no lo que escucha. Hablar y decir no significa cerrar un trato.

Es casi imposible cerrar un trato parado. Logra que tus clientes se sienten frente a ti y muéstrales lo que puedes ofrecerles. Respalda tus palabras con evidencias. Pararse significa irse, sentarse significa quedarse. Así que sienta a tus compradores y llévalos a esa posición para cerrar el trato: "Siéntese aquí y déjeme MOSTRARLE algunos de los beneficios de este producto." No digas, muestra. Cuando hagas una propuesta, haz que el cliente se siente y pon tu propuesta por escrito. Sostener tus palabras de manera verbal es una pérdida de tiempo y de esfuerzo, y casi nunca te llevará a la posición para cerrar un trato. Así que sienta a tus clientes, muéstrales lo que tienes y prepárate para manejar cualquier situación, incluso la más difícil.

PREGUNTAS DEL CAPÍTULO 12

¿En qué se diferencia cerrar hasta la venta más difícil con presionar a un cliente para que compre?

_____

_____

_____

¿Cuál es la mejor forma de manejar a alguien que te dice que lo presionas?

_____

_____

_____

¿Cuáles son las dos cosas de las que debes estar convencido para llegar al nivel de cerrar hasta la venta más difícil?

1. _____

2. _____

¿Cuál es la fórmula para cerrar una venta difícil?

1. _____

2. _____

Menciona tres sugerencias que haya dado el autor para cerrar una venta difícil.

1. _____

2. _____

3. _____

13

ACCIÓN MASIVA

Toma acciones masivas

La mayoría de la gente estima de manera incorrecta la cantidad de esfuerzo que le tomará conseguir los resultados esperados. Cuando se trate de poner manos a la obra, nunca pienses en términos balanceados, sino en términos masivos. En el caso de emprender una acción, más es mejor que menos. Sea lo que sea que consideres necesario para conseguir algo, haz más, mucho más que sólo lo suficiente y obtendrás resultados que superarán por mucho tus expectativas.

Nunca dejes que algún pseudopsicoanalista venga con su jerga a convencerte de que tu vida necesita "balance", "ecuanimidad", que debes "dejar de presionarte a ti mismo" y comenzar a "vivir el momento". Este consejo te lo da gente que quiere para ti una vida mediocre y no existe evidencia alguna que respalde sus palabras. En mi caso, mientras más trabajo para conseguir mis objetivos, mejor me siento. En cambio, mientras menos hago, más me canso. Cuando se trata de conseguir grandes resultados y ser exitoso, debes tomar acciones de manera masiva. No hay otro camino.

Adoro poner manos a la obra, y mientras más lo haga, mejor. Adoro hacer las cosas y apuesto que tú también. Me encanta la satisfacción de cumplir una tarea. Soy la persona más feliz cuando me vuelvo productivo y creativo. Soy mil veces más feliz cuando podo mi jardín que cuando me quedo acostado en mi sofá.

Si quieres llegar a algún lugar en la vida, debes ponerte a hacer cosas. Si quieres salir de viaje, debes llenar el tanque de gasolina para acelerar en la carretera. Si quieres construir una casa, debes clavar clavos y embarrar cemento. Si quieres ganarte la lotería, tienes que comprar un boleto. ¡Para obtener resultados, debes tomar acciones! La cantidad de éxito se limita a la cantidad de acción. Aléjate de la gente que te aconseja tomarlo con calma y trabajar menos. Podrás relajarte en el momento en que llegues al sitio donde quieres estar, por el momento dedícate a hacer cosas y en grandes cantidades.

A lo largo de mi vida, he tomado acciones de manera masiva tan sistemáticamente que al día de hoy puedo decir que ésta se ha vuelto una manera de vivir. ¿Soy un maniaco? Me parece que no y te puedo decir que tengo una vida muy superior a la de todo mi árbol genealógico. ¿Crees que alguien puede ser elegido presidente de Estados Unidos sin haber tomado acciones de manera masiva? ¿Crees que Tiger Woods no actuó masivamente para llegar a ser el mejor golfista del mundo? El señor Woods practica más que nadie y por ello y su dedicación ha alcanzado un nivel de juego absolutamente superior al resto. Para que te elijan presidente en tu campo profesional, tienes que desbalancearte, estar completamente enfocado, dedicado y tomar acciones de manera masiva.

Cuatro tipos de acción

En la vida, nunca puedes hacer suficiente. Hacer mucho te sacará de problemas. De hecho, tomar acciones es la manera de *salir de problemas*. La única acción que te puede causar problemas es justamente la de no hacer demasiadas cosas.

Muchas personas dicen que existen tres tipos de acciones:
1. La acción correcta.
2. La acción incorrecta.
3. La falta de acción (que siempre resultará en nada).

En mi mundo hay un cuarto tipo de acción:
4. ¡La acción masiva! ¡Ésta es en la que yo vivo!

Sin lugar a dudas, el cuarto tipo de acción, la acción masiva, es la herramienta más útil que tengo en la vida. Gracias a ella he conseguido más éxitos que por cualquier otra cosa. Cuando alguien me pregunta qué ha sido un parteaguas en mi vida, yo les respondo que la acción masiva. Incluso cuando no sé a ciencia cierta qué hago, hago mucho de eso. Si quiero conseguir un préstamo para comprar una propiedad, voy a tres o cuatro prestamistas. Cuando compro una propiedad, hago ofertas previas por otros terrenos. Cuando hago una fiesta, invito a un montón de gente y luego les recuerdo mi invitación. Una vez que termino con las invitaciones, los llamo por teléfono hasta estar seguro de que tendré suficientes invitados para asegurarme de que será una gran fiesta. No me gustan las fiestas chicas, me gustan grandes y ruidosas, llenas de gente. Prefiero que sobren a que falten. Hace algunos años hice una fiesta en la que necesité ¡2 500 vasos para mis invitados! ¡Ésa es señal de una gran fiesta! Ni siquiera conocía a la mitad de las personas que estaban ahí. ¿Has escuchado el dicho de "tirar la casa por la ventana"? Tírala toda.

Acción masiva = más problemas

Conozco a cientos de vendedores que hacen un par de llamadas, mandan un par de correos y luego se toman un rato para comprarse un café y hablar con sus compañeros de las últimas noticias. Entonces se sientan uno al lado del otro y comienzan a hablar de cómo los negocios van demasiado lento y las cosas no resultan como ellos lo esperaban.

Si supieras usar el teléfono como yo lo hago, sabrías que no funciona: lo que sirve es la persona que *habla* por él. Yo nunca me he sentado a hacer una llamada telefónica. ¡Nunca! Cuando me siento a usar el teléfono, me aseguro de que seré lo suficientemente tenaz y haré tantas llamadas que forzosamente conseguiré los resultados que pretendo.

Si se trata de conseguir citas, toma acciones masivas de manera que tu preocupación ya no sea tener citas, sino obtener el tiempo suficiente para llegar a cada una de ellas. Y sí, la cantidad necesaria de acción masiva te acarreará nuevos problemas.

Uno de los objetivos que me planteo cada vez que doy un seminario es vender todas las entradas para que no quede ni una silla vacía. Esta meta siempre crea problemas a mi equipo de ventas, pues temen que sus clientes se molesten con ellos tras comprar un boleto de ochocientos dólares para llegar a un sitio en el que no habrá lugar para sentarse. ¡Ése es un nuevo problema, y es mucho mejor que no vender suficientes entradas! En alguna ocasión, uno de los vendedores me dijo que eso no era justo para nuestros clientes. Yo le respondí que lo hiciera, que me garantizara que el lugar estaría a reventar y yo me encargaría del resto. Nunca te preocupes por los problemas que tendrás a lo largo del camino; si lo haces, terminarás por no hacer nada. Hacer demasiado nunca será incorrecto, en cambio, hacer demasiado poco siempre te meterá en problemas.

Cuando de acción se trate, haz mucho, demasiado, siempre más. Ésta es la *única cosa* que te garantizará resultados. No te confíes con los números pequeños y las acciones restringidas. Manéjate en grandes números y numerosas acciones. Sé masivo, no pasivo.

Cuando era un joven vendedor, me gustaba andar, como dicen, en la cuerda floja (mi esposa dice que aún me gusta), pero nunca fui pasivo. Cuando no eres perfecto, lo único que te queda es hacer mucho. De hecho, sólo así dejarás de creer que necesitas ser perfecto. Nunca llegarás al lugar que deseas si te contentas con tomar un par de oportunidades. Mientras más acciones tomes, más negocios tendrás y mejor te empezará a ir.

Si de cualquier forma tienes la mala suerte de ser uno de esos tipos perfectamente arreglados que parecen muy profesionales, aun así necesitarás tomar un montón de acciones para alcanzar altos niveles de productividad. Digo "la mala suerte" porque a lo largo de los años he conocido a cientos de vendedores veteranos que, con los años, han logrado dominar el negocio, pero nunca dejan de tener ese aire de superioridad sobre los demás, como si ellos ya no tuvieran cosas que aprender y cambiar. ¡Despierten! Se necesita tomar acción de manera masiva para conseguir lo que quieres. Nunca nadie te va a pagar por lo que sabes, te pagarán por lo que haces.

La productividad conduce a la felicidad

La mayoría de la gente no consigue lo que quiere porque no hace lo suficiente por obtenerlo. La productividad hace que la gente se sienta feliz. En muchos casos, incluso ni siquiera importa qué haces, siempre y cuando lo hagas. Decídete a producir algo, hazlo de manera masiva y serás un ganador. La productividad conduce a la felicidad. Ésta es una verdad esencial de cualquier religión, sistema económico o grupo étnico. La gente se siente mejor cuando es productiva y, mientras más generen, mejor se sentirán. El dinero no hace a la gente feliz, la productividad, sí. En palabras del doctor Michael DeBakey: "El hombre nació para el trabajo duro."

En ventas, la acción masiva es el recurso que más efectivamente garantizará que eleves tu nivel de ingresos. Si quieres conseguir X cosa, haz más que lo necesario para conseguirlo en abundancia. De esta manera, tu problema ya no será cómo conseguir X cosa, sino cómo administrar su abundancia.

Acción masiva = nuevos problemas. Es así, y sólo así, que podrás saber que haces suficiente.

Lanza un trozo de piedra a un estanque y mira todas las ondas que produce. Ahora, en lugar de eso, lanza una piedra grande tras otra y verás cómo en lugar de ondas produces olas. Muy pronto, la gente se acercará a ver lo que haces.

Al tomar acciones de manera masiva, garantizas que las cosas cambien, las cosas se creen y los resultados se obtengan. En el área de ventas, la acción masiva es como una escalera al cielo, lugar en el que los dioses te premiarán con trofeos y recompensas, ¡asegurándote niveles de ingresos asombrosos! Sin embargo, tus colegas vendedores se acercarán a ti para recomendarte que lo tomes con calma, que disfrutes la vida. No les hagas caso y considera que sus señalamientos son síntoma de que haces lo correcto. Síguele echando leña al fuego. Cualquier hoguera necesita madera para prender; en ventas, el éxito requiere acción.

En realidad, cuando una persona te dice que trabajas demasiado se debe a que él o ella no lo hace. Desafortunadamente, estas gentes olvidaron su deseo de tener una vida extraordinaria. A lo sumo, se trata de personas mediocres que desterraron sus sueños. Toma acciones de manera masiva hasta que llegues a tener nuevos problemas; sólo entonces conseguirás elevar tu nivel de ventas. No renuncies hasta que tengas más problemas, como carros, casas o dónde ir de vacaciones.

La regla de 10X

Si quieres tener algo, toma acciones masivas como si tuvieras que hacer por lo menos *diez veces más* de lo que en realidad tendrías que hacer para conseguirlo. Si lo haces, ya no tendrás que anhelar, desear, cruzar los dedos o rezar para conseguirlo. Lo que tú quieres —y mucho más— vendrá a ti si haces lo que se requiere.

Una vez, un vendedor me contó que tenía una racha de mala suerte. Sus citas se cancelaban, uno de sus clientes anuló su pedido, etcétera. Yo le dije que no se trataba de mala suerte, sino de que no estaba haciendo lo necesario. Después le sugerí que hiciera diez veces más cosas de las que hacía y muy pronto se quedaría sin tiempo para lamentarse de su supuesta mala fortuna y, de hecho, agradecería cuando le cancelaran una cita, pues contaría con tiempo para hacer algo más.

Si tomas suficientes acciones y consigues resultados, que te cancelen una cita o un cliente se arrepienta es un problema menor. De hecho, vas a agradecerlo, pues te dará la oportunidad de ponerte al día con otras cosas. En cambio, si tomas muy pocas acciones, cada vez que pierdas un trato tratarás de justificarte aduciendo mala suerte, pues no tendrás algo más con qué remplazarlo. Si te fijas, le pones mucha atención a algo insignificante. Pon atención en lo masivo para que no te vuelvas pasivo.

Actúa como un loco

Uno de mis socios me vio una vez llamarle a un cliente quince veces en menos de tres días sin que él me regresara la llamada. ¿Exageré? No lo creo. Cuando quiero que algo se haga, tomo acciones hasta cerciorarme de que ocurra. Cuando se trate de poner manos a la obra, nunca seas racional. Toma cuantas acciones necesites y vuélvete un loco.

Por ejemplo, un granjero debe sembrar mucha más comida de la que su familia necesita; así, en caso de sequía, tendrá suficiente para alimentarla. Un conferencista que busca que la gente vaya a escucharlo debe invitar a cientos de personas con tal de asegurar que asista una sola. Si quieres conseguir citas, llama a todos tus amigos y a los clientes que hayas tenido a lo largo de tu carrera. Háblale a la gente en la calle, si se requiere. Vuélvete loco en términos de tomar acciones hasta que lo conviertas en un hábito, un modo de vida normal en ti. Una vez que tengas éxito, la gente no hablará de tu comportamiento, dirá que siempre supo que te iría bien. En muy poco tiempo tendrás abundancia de citas, clientes, ventas y resultados.

Actúa como un loco en términos de acción y haz hasta lo inimaginable por conseguir que las cosas se hagan. Pierde la sanidad y la lógica cuando se trate de planear la cantidad de acciones que necesitas emprender, haz más de lo necesario y pronto harás realidad lo que otros creen que sólo existe en sus sueños. En un principio, la acción masiva resulta en nuevos problemas, pero muy pronto se convierte en grandes ventas.

PREGUNTAS DEL CAPÍTULO 13

Según el autor, ¿qué estima generalmente la gente que debe hacer para conseguir lo que quiere?

_____

_____

_____

_____

Escribe sobre alguna ocasión en que hayas subestimado la cantidad de esfuerzo que te tomaría hacer algo y qué tanto lo subestimaste.

_____

_____

_____

_____

¿Cuáles son los cuatro tipos de acción?

1. _____

2. _____

3. _____

4. _____

¿Qué experimentará una persona inmediatamente después de emprender acciones masivas?

_____

_____

_____

_____

El autor sugiere que la gente nunca consigue lo que quiere por

_____

_____

_____

_____.

¿Qué es la regla de 10X?

_____

_____

_____

_____

14

LAS BASES DE PODER

Trabaja tus bases de poder

Los vendedores tienden a ponerle atención a gente desconocida e ignorar a la gente que sí conocen. Hay cientos de compañías que dirigen sus mensajes a gente que desconocen y nunca han comprado sus productos. Incluso se publicitan entre personas que ni siquiera están interesados en sus ofertas. Los vendedores esperan y llaman por teléfono casi a puros desconocidos, ignorando ámbitos en los que pueden ser mucho más influyentes. Ésta es una de las reglas básicas más comúnmente olvidada.

Todos poseemos una base de personas en la que podemos ejercer cierto poder. Por lo común, se compone de la familia y los amigos. Casi todos tenemos un lugar en el que podemos encontrar comprensión, entendimiento, seguridad, bienestar y fortaleza. Tu venta más segura, la que puedes hacer con alguna de las personas de tu entorno, alguien que te conoce, confía en ti y quiere ayudarte. Todos tenemos una suerte de base o club de fans. No lo ignores, trabájalo, úsalo y conviértelo en tu mina de oro.

Tu base de poder se conforma con personas que estarían encantadas por saber de ti y en qué andas. Uno de los caminos más rápidos para fracasar en tu carrera es olvidarte de quienes te aprecian, se preocupan por ti y tienen interés en tu vida. Por ende, nadie está obligado a construir a partir de cero. Todos conocemos a alguien que puede ayudarnos.

Hace algunos años tuve un cliente que me compró muchos productos y del cual me hice muy amigo. Una vez le llamé y le dije que tenía que venir a verme para mostrarle algo. Él me preguntó cómo estaba y yo le repetí que debía venir a verme lo más rápido que pudiera. En cuanto estuvo en mi oficina, le puse enfrente una orden de compra y le pedí que la firmara. Él me miró incrédulo y me dijo que ni siquiera sabía qué iba a comprar. Yo le aseguré que no tenía de qué preocuparse, nunca antes le fallé y estaba seguro de que le iba a interesar lo que le ofrecía. Él firmó la orden, yo le puse el producto enfrente y se enamoró a primera vista. Así de sencillo. Le vendí algo que no buscaba, ni siquiera sabía de su existencia, y fue una de las ventas más simples de toda mi vida. Tú puedes hacer cosas como ésta si recurres a tu base de poder. Piensa en ti mismo como el centro de la base, mientras más cerca estén los demás del centro, más fácil te será recurrir a ellos.

¿Cómo construir tu base de poder?

Lo primero es hacer una lista de tus conocidos. Puede incluir amigos, familiares, colegas de anteriores trabajos, ex empleados, clientes actuales y del pasado, miembros de algún club al que pertenezcas o hayas pertenecido, vecinos, miembros de organizaciones de las que formes o hayas formado parte, miembros de tu iglesia, incluso gente que haya ido contigo a la secundaria o la preparatoria.

¿Quiénes son, dónde están, cómo puedes contactarlos, qué les debes decir? Lo que vas a decirles es la parte más sencilla: simplemente coméntales a qué te dedicas. Primero, haz la lista y luego ponte en contacto. Déjalos saber en qué andas y propón una cita para ponerse al día. Recuerda que el propósito de encontrarte con ellos no es venderles; eso sucederá espontáneamente. El propósito es entrar en contacto y construir tu base de poder.

Incluso si tu lista no tiene más de diez personas, considera que ese número puede multiplicarse hasta diez veces. Cada una de las personas que conoces puede conocer otras diez que se querrán beneficiar con lo que tú ofreces. Si no te parece que esto pueda funcionar, te aconsejo que vuelvas a leer el Capítulo 5 y te convenzas de lo que haces.

Puedes contactar a las personas de tu lista por teléfono, en persona, por correo postal o electrónico. Lo mejor es que los veas cara a cara, así que visítalos o concierta una cita. No te preocupe que a muchos no los hayas visto en varios años. Olvida el pasado, acude a verlos y sé el creador de tu propio futuro. Pon interés en tus contactos y haz de tu base de poder una mina de oro. Averigua qué han hecho, qué hacen, a qué se dedican, cómo está su familia y todo lo que sea importante para ellos. Restaura tus relaciones. Cuando te toque hablar sobre ti, coméntales qué haces y cuánto adoras hacerlo. Entonces podrás sacar a colación alguno de tus productos y mostrárselos, pero recuerda que, en este punto, la intención es restaurar y construir tu base de poder.

¿Imponerte o ayudar?

A la gente le gusta ayudar a las personas que conoce. Haz a un lado tus reservas y establece contacto con tus conocidos. Deshazte de la errónea idea de que vas a forzar una relación. Eso es ridículo. ¿Para qué son tus amigos y tu familia si por una vez no puedes recurrir a ellos para pedirles ayuda? Alguien más se acercará para venderles algo, ¿por qué no tú? El hecho es que ellos querrán ayudarte. Si adoras lo que vendes y crees en ello, entonces aprecia lo suficiente a tus conocidos para compartirlo con ellos. Confía en la regla de la acción masiva y aplícalo a tu base de poder. Contacta a suficientes personas de tu base y verás que por lo menos una necesitará el producto o el servicio que ofreces. Si te sigue causando un problema creer que vas a imponerte sobre alguien, tienes un verdadero problema en convencerte a ti mismo de la calidad de tus productos y, por ende, necesitas revisar el nivel de tu compromiso. A partir de aquí puedes ampliar tu lista de contactos.

Pongamos que yo vendo ropa y tengo diez amigos que usan el estilo de prendas que yo vendo. Cada una de esas personas tiene un promedio de 2.2 personas más que pueden interesarse en tus productos. Es decir, veintidós personas de una lista que originalmente sólo era de diez.

Deja que esas primeras veintidós personas se enteren de lo que haces y vendes, dónde te localizas y cómo pueden contactarte. Consigue sus direcciones y haz una lista con sus correos. Averigua la fecha de sus cumpleaños o, si lo prefieres, envíales tarjetas de felicitación al azar. Ninguna tarjeta de felicitación se responde con más facilidad que la enviada un día incorrecto. Quien la reciba te llamará para decirte que tienes mal el dato. En ese momento, aprovecharás para decirle que ya lo sabías, que no tenías la fecha y preferiste arriesgarte a enviar una felicitación sólo en caso de que pudieras acertar la fecha. Te aseguro que te llamarán. Debes ser creativo en la manera de ponerte en contacto con tus conocidos. Un poco de imaginación combinada con acciones masivas te pueden llevar muy lejos. Ni siquiera te preocupes por cometer un error. El único que puedes cometer es no entrar en contacto.

Consigue que esas veintidós personas te ayuden a entrar en comunicación con otros conocidos suyos, de modo que tu lista se amplíe más. Trabaja tu base de poder desde el núcleo más cercano y verás cómo puede crecer desproporcionadamente.

Una vez busqué a un conocido de la secundaria con el que siempre me peleaba cuando éramos adolescentes. Lo llamé y le dije que, a pesar de que habían pasado más de veinte años desde la última vez que nos vimos, constantemente pensaba en él y me reía de nuestras peleas. Poco después, vino a verme a mi oficina y le vendí uno de mis productos. Por experiencia te puedo decir que es más fácil venderle algo a un viejo enemigo que a un desconocido. ¡No niegues tu base de poder! ¡Trabájala!

Si *tú* no lo haces, alguien como *yo* lo hará por ti. Cada uno de nosotros conoce a alguien que le compró a un desconocido un producto similar al nuestro. La competencia trabajó a tu conocido y tú perdiste una venta por el simple hecho de no entrar en contacto.

La peor parte de hacer una venta es que perdiste la oportunidad de hacérsela a un conocido, a quien ahora debes remplazar con un desconocido. Pregúntale a cualquier vendedor: si pudieran elegir entre un cliente a quien nunca le han vendido o uno a quien ya le han vendido, ¿a quién escogerían? Puedes preguntárselo a un millón de vendedores, el millón te dirá que prefieren a quien ya le han vendido antes. ¿Por qué? Porque tienen la experiencia de haber vendido con esa persona y eso hace que les sea más fácil volverles a vender. La relación está ahí, la confianza está ahí, la experiencia está ahí. Ésta es tu base de poder agrandándose. Añade cada vez más gente a tu círculo de conocidos y mantén el contacto con ellos.

Capitaliza las ventas fáciles

Tus compradores habituales son la venta más sencilla a tu alcance, yo siempre los prefiero sobre los compradores potenciales. Sé lo que quieres, tengo relación con ellos, confían en mí, me conocen, conocen a mi compañía y los productos que ofrezco. Incluso cuando un cliente regular llega a tener un problema o una queja, esto abre la oportunidad de convertir su queja en otra venta.

En mi oficina tengo la política de que todas las quejas me las tienen que hacer saber. ¿Por qué me tengo que encargar yo de las quejas? Porque sé que se trata de una de las oportunidades de venta menos apreciadas. ¡Los problemas son oportunidades! Resuelve el problema y harás que tu cliente esté más contento contigo.

Otra de las razones por las que tus clientes habituales son más fáciles de convencer es porque ya hicieron negocios contigo en el pasado. A las personas les gusta tener hábitos. Cuando imparto seminarios, la gente que va a ellos siempre se sienta al lado de gente que conoce. ¿Por qué? Porque las personas se encuentran cómodas con lo familiar.

¡Crear poder!

La mayoría de los vendedores no capitaliza lo familiar. A mí me gusta hacer negocios con personas que conozco. Me gusta que tú sepas de antemano lo que a mí me gusta, lo que quiero y cómo hablar conmigo. Me gusta que tú sepas cuáles son mis expectativas y cómo debes atenderme, saber que tenemos una experiencia juntos. Entonces, me pregunto por qué, si el vendedor siente lo mismo que yo, nunca más vuelvo a saber de él una vez que le compré algo.

¿Tú crees que no necesito otro traje, otra computadora, otro teléfono celular, otra televisión, otra casa, otro coche, otra propiedad, otra inversión? ¿Tú crees que ya no necesito nada más? ¿Crees que ya no tengo dinero o nunca más le compraré algo a alguien más? ¿Tú crees que lograste quitarme todo mi dinero? Recuérdalo siempre, nunca serás el último vendedor en venderle algo a un cliente. La pregunta es, ¿serás tú a quien le vuelva a comprar? Te puedo asegurar que si no entras en contacto con tu base de poder y tus clientes anteriores, jamás tendrás el poder en tus negocios. ¡Nunca reniegues de tus clientes anteriores!

Si quieres garantizar tu productividad como vendedor y tener una larga y feliz carrera, mantén contacto con la gente de tu base de poder. Ámalos, llámalos, procúralos, mándales regalos y muestra interés por ellos.

Mi primera inversión en bienes raíces se la hice a un amigo. Después de trabajar meses a mi lado, su mentor le dijo que sería imposible convencerme de algo y conmigo iba a perder su tiempo. Yo le compré cuarenta y ocho unidades y, un mes después, treinta y ocho más. Vaya consejo de su mentor. Pero la cosa no termina ahí. Él renunció a su trabajo y se hizo mi socio, administrando las propiedades que le compré. Creyó que después de mis dos compras ya no estaría interesado en adquirir otras y dejó de ofrecerme más. Si le hubiera llamado para decirle que me interesaba algo más, seguramente hubiera sido pesimista acerca de los precios o de mi capacidad para comprar más. En ese entonces, otro viejo amigo, Dale, quien casualmente estaba en mi oficina cuando colgué el teléfono con mi nuevo socio, me preguntó si le daría la misma comisión si me encontraba una manera de hacer un negocio similar. Yo le dije que sí y muy poco tiempo después empezó a buscar oportunidades. A lo largo de los dos años siguientes, primero le compré cuatrocientas unidades y luego le compré 1500 más.

Mi primer socio es un gran tipo y lo hizo muy bien, pero perdió contacto con su base de poder. En cambio, mi viejo amigo Dale ganó millones de dólares en nuestro trato, gracias a que se mantuvo cerca y en contacto con su base de poder. Por cierto, anteriormente Dale no tenía ninguna experiencia en bienes raíces, a diferencia de mi primer socio. De hecho, estaba quebrado en el momento en que nos pusimos en contacto: tenía veintidós años y seis dólares en su cuenta de banco. Hoy es un multimillonario. Dale vio la oportunidad para hacerse de una base de poder y la tomó. La moraleja de esta historia es mantener contacto con la gente que conoces.

Pon la misma atención a la gente que ya le vendiste que a la que le quieres vender. ¡Y dale fuerza a tu base de poder!

PREGUNTAS DEL CAPÍTULO 14

Según el autor, ¿cuál es una de las reglas básicas que la gente olvida cuando quiere vender alguna idea o producto?

_____

_____

_____

Haz una lista de diez personas que formen parte de tu base de poder.

1. _____
2. _____
3. _____
4. _____
5. _____
6. _____
7. _____
8. _____
9. _____
10. _____

¿Qué es lo más difícil para hacer una venta?

_____

_____

_____

¿Cuál es la oportunidad más subestimada para hacer una venta adicional?

_____

_____

Según el autor, ¿cuáles son las cinco razones por las que es más fácil volver a venderle a quien ya le vendiste que a quien no conozcas?

1. _____

2. _____

3. _____

4. _____

5. _____

15

EL TIEMPO

¿Cuánto tiempo tienes?

La persona más poderosa del mundo tiene veinticuatro horas para hacer lo que necesita resolver. La persona más rica del mundo tiene 3600 minutos diarios para ganar dinero. La persona más educada del mundo tiene 168 horas a la semana para aprender. El mejor atleta del mundo cuenta con 365 días al año para entrenar. ¿Cuánto tiempo tienes tú?

Cuando la gente me dice que no tiene suficiente tiempo para hacer las cosas, nunca le creo. Recientemente leí que en promedio una persona puede pasar tres horas diarias frente a la televisión, lo cual significa 67500 minutos al año. ¿Te imaginas cuántas llamadas puedes hacer en todo ese tiempo? Suponiendo que cada llamada te tomara tres minutos, podrías hacer 22500 llamadas más de las que comúnmente haces. Eso significa 1875 llamadas al mes. ¡Setenta y cinco llamadas al día! Con la mitad de eso podrías alcanzar al uno por ciento de los vendedores más activos de toda la industria.

De hecho, ¡es mentira que no tengas suficiente tiempo! La verdad es que cuentas con el mismo tiempo que los demás, sólo que no lo usas de manera eficiente. Todos contamos con veinticuatro horas al día, 8760 horas al año. Si aún no sabes cuánto tiempo tienes a tu disposición, te aseguro que tampoco sabes cómo emplearlo. Si coincides en que tiempo es dinero, entonces debes tomar conciencia del tiempo que posees igual que lo harías con cualquier otra cosa valiosa.

Hace poco viajé a Las Vegas para dar una conferencia. Cuando mi chofer me dejó en el aeropuerto, me preguntó cuándo volvería para recogerme. Le dije que al día siguiente y entonces me preguntó por qué no me quedaba una noche más allá para aprovechar el viaje. Entonces le respondí que, en lugar de quedarme en Las Vegas para hacerlos más ricos a ellos, prefería volver para trabajar y hacerme más rico yo. "Quién sabe —añadí—, quizá mañana tenga la oportunidad de hacer el negocio de mi vida." Entonces, el chofer me dijo que ahora entendía por qué él era chofer y yo su patrón. ¡Exactamente! Así es como podrás llegar al lugar que quieres, al sacarle jugo a todos los minutos del día. Todos pueden estar en el sitio en que actualmente se encuentran, la pregunta es: ¿podrás llegar más adelante? Sólo si empleas tu tiempo de manera inteligente.

Usa todos tus movimientos para vender

Cuando era un vendedor novato, un hombre llamado Ray me tomó bajo su custodia, pues me vio cierto potencial. Un día, me llevó a un lado y me preguntó por qué iba a comer tan seguido con mi compañero de trabajo, Gene. Yo me quedé perplejo con su pregunta, pues me parecía de lo más natural salir a comer con mi amigo y compañero. Cuando vio que no podía responder, me dijo que Gene nunca me iba a comprar nada. ¡Nada!

¡Vaya! Lo que me dijo me cayó encima como una cubeta de oro líquido y me hizo tomar conciencia del tiempo, la energía y el dinero que estaba malgastando al ir a comer con Gene. Poco a poco hice la suma: una hora al día, seis veces a la semana, cincuenta y dos semanas al año. ¡Había gastado 312 horas de mi tiempo en un sitio en el que no tenía ninguna oportunidad de vender! Desde entonces, nunca más salí a comer con Gene y mis ventas se incrementaron. Así, me impuse una política: o comía con clientes o clientes potenciales, o me quedaba a comer en mi oficina mientras hacía llamadas.

¿Cuánto tiempo pierdes?

A partir de ahora, quiero que consideres cuánto tiempo pierdes al día. Cada vez que te sorprendas en algo no productivo, toma nota al respecto. Fumar, ir a comprar café, formarte, llamar a tus amigos o a tus familiares, chismear, vagar por los pasillos, hablar con otros sobre el partido de anoche, ponerte a dibujar, soñar despierto, evadir el trabajo, etcétera. Escribe todo lo que no contribuye a que tú o tu empresa crezcan. ¿Y qué si sólo tuvieras una hora para ganar el juego? Tú no puedes tomarte un descanso cuando buscas meter un gol en la portería del contrario. Cuando el partido inició, sólo puedes descansar cuando la pelota haya salido de la cancha y, cuando ésta vuelve al campo, se acabó el descanso. Una vez que el árbitro silba el final, ¡se acabó el juego!

Quien le saque más jugo a su tiempo conseguirá lo que quiere. Toma la decisión de controlar tu tiempo y el tiempo dejará de controlarte a ti. Cambia tu visión sobre él y verás que cuentas con más que suficiente. Vuélvete un maestro del reloj, no su esclavo.

La oportunidad para ir a comer

Un compañero y yo estábamos en una cita con un grupo de clientes potenciales. El grupo nos puso a mi compañero y a mí en lugares juntos, por lo que solicité que nos dieran dos mesas. ¿Por qué? Porque yo no podía venderle nada a mi compañero y tenerlo a un lado significaba perder una oportunidad. El objetivo era estar cerca de la mayor cantidad de clientes potenciales que pudiéramos, no comer con él. Yo me senté en una mesa y él en otra, con lo cual duplicamos nuestras posibilidades.

Aprendí esta lección cuando era vendedor novato y malgastaba mi tiempo al comer con Gene. Incluso el día de hoy no voy a comer con mis colegas o el supervisor, ni siquiera con mi jefe. Necesito pasar tiempo con mis clientes. Ir a comer con tu jefe no te garantizará seguridad laboral, vender mucho sí. Mi regla es: si trabajan conmigo no me van a comprar y, por lo tanto, no puedo salir a comer con ellos. Necesitas trabajar tu carrera como vendedor de la manera en que los políticos se comportan cuando están en campaña. Ellos no llaman a la gente que votará por ellos, en cambio, hablan con la que aún no decide su voto.

En la actualidad, empleo el tiempo de los desayunos, las comidas y las cenas con clientes o clientes potenciales. Estas citas incluyen a cualquier persona a la que pueda venderle algo, aunque sea en el futuro. Incluso cuando no tengo una cita para comer con un cliente, me aseguro de ir a donde pueda ser visto, vayan muchas personas y pueda tener la suerte de encontrarme con un cliente potencial.

Las personas que salen a comer son compradores calificados. Se trata de gente que trabaja: banqueros, aseguradores, vendedores, etcétera. Estas personas son las que compran tus productos. Sal y estate con ellos, sé visto con ellos, conócelos. Encuentra un restaurante al que vaya gente calificada y ve continuamente hasta que domines el lugar. Ve ahí hasta que seas conocido y luego encuentra un nuevo lugar. Familiarízate con el dueño y las meseras hasta que todos ahí sepan tu nombre de pila. Entonces, entenderás los patrones de conducta. Ve a los sitios a los que van a comer tus clientes y deja que te vean. Personalmente, prefiero ir a los sitios más exclusivos, pues allí van los mejores compradores. Aristóteles Onásis, el gran magnate de los yates, tenía razón al comer en los lugares más caros cuando era joven. No lo hacía porque tuviera el suficiente dinero para pagarlo, sino porque así tenía la oportunidad de estar con gente que pudiera comprar sus productos. Él quería estar cerca de las oportunidades y del éxito.

Una vez le hice una venta a un agente de seguros y le dije que lo invitaría a comer como un gesto de agradecimiento por hacer negocios conmigo. Lo busqué en su oficina, donde también me esperaban su esposa y su hija, para ir a su restaurante favorito. En aquel momento no sabía lo que sé ahora y me comencé a preocupar por el monto de la cuenta. Tan sólo cinco minutos después de que nos sentamos, el agente me presentó a un amigo suyo que estaba en otra mesa. El agente le dijo a su amigo:

—Vic, éste es el joven del que te hablé.

Inmediatamente después, Vic sacó su tarjeta y me dijo:

—Quiero uno igual al que le vendiste a él. ¿Puedes mandarlo hoy a mi oficina?

¡Comer afuera incrementa tus ventas!

Ese *tupperware* en el que guardas tu comida hecha en casa con la que te ahorras el dinero que te costaría comer afuera, en realidad significa pérdidas por cientos de miles de pesos. Sal, déjate ver, mézclate con la gente y ponte en el mercado. Usa el tiempo de la comida para tener citas con clientes y no pierdas el tiempo con colegas del trabajo. Tus ahorros jamás te llevarán a ser millonario, en cambio, puedes comprar el camino para convertirte en uno. Deja de ahorrar y comienza a hacer que la gente te vea, te ponga atención y te compre cosas.

Mi esposa es actriz de Hollywood y un día le pregunté cuál era el mejor lugar para que la gente de la industria me viera. Ella me dijo que ese lugar era el Ivy. Pues bien, adivina a dónde fui a comer. La gente se acuerda de las personas a las que ha visto y olvida a las que no. Es más, algunas personas toman como una "señal" el hecho de toparse contigo.

La hora de la comida es un asunto de negocios y de oportunidades, no de alimentos, amigos y familia. La comida es el momento ideal para hacer contactos y demostrarle aprecio a tus clientes. Utilízalo, trabájalo a tu favor y tendrás una mina de oro. Sácale provecho a tu día y deja de desperdiciar el tiempo. Mucha gente se pregunta si alguna vez tendrá oportunidad de sentarse y relajarse. Claro que lo hay, pero llegará después, cuando hayas alcanzado tus objetivos y tus sueños sean realidad.

Si aún no estás donde quieres estar, debes ponerte a trabajar y sacarle el máximo provecho a cada minuto, a cada oportunidad. Te lo debes a ti mismo, a tu familia y a tu futuro. ¡Haz que todos los momentos cuenten!

PREGUNTAS DEL CAPÍTULO 15

¿Cuánto tiempo tienes?

_____

_____

_____

Escribe seis actividades que consideres pérdida de tiempo e incluye cuánto tiempo usas en ellas durante la semana.

1. _____
2. _____
3. _____
4. _____
5. _____
6. _____

Multiplica las cantidades anteriores por cincuenta y dos y luego por veinte y calcula el monto que cada una de esas actividades te cuesta en tiempo y dinero.

1. _____
2. _____
3. _____
4. _____
5. _____
6. _____

Escribe las dos actividades que te hagan ganar más dinero y cuánto tiempo inviertes en cada una.

1. _____
2. _____

16

LA ACTITUD

Una buena actitud es más valiosa que un buen producto

La gente paga más para recibir una actitud agradable, positiva y disfrutable que por un buen producto. ¿Quién no quiere sentirse bien? ¿Quién no quiere que le reconozcan su derecho a tener la razón? ¿A quién no le gusta que le sonrían y concuerden con él? Muéstrame a quien no le guste sentirse bien y encontrarás a alguien que no desearás venderle. La gente se deja influir por personas que le causan confianza, más que por grandes productos. Siempre habrá un montón de mercancías que le prometan a la gente sentirse mejor, ¡pero una persona que las haga sentir bien puede venderles casi cualquier cosa! ¡El individuo que posee una gran actitud y un gran producto es invencible!

Una actitud positiva es cien veces mejor que el mismo producto. Sólo mira cómo las personas gastan su dinero. Una persona puede gastar una pequeña parte de sus ingresos en sus necesidades básicas y prácticamente todo lo demás en entretenimiento. ¿Por qué? ¡Porque quieren sentirse bien! ¿Por qué crees que Jay Leno gana más dinero que todos los maestros juntos de Los Ángeles? Porque él hace que la gente se ría y se sienta bien.

Es muy sencillo que un comprador le diga no a un producto o a una compañía, pero, en cambio, es muy difícil que le diga no a una experiencia positiva con otro ser humano. Cuando algo te hace sentir bien, quieres más de eso, aunque no tenga el menor sentido. Por ello la gente hace cosas nocivas para su salud: por un momento o dos las hacen sentir bien. La gente gasta más dinero en cosas que las hacen sentir bien que en cosas realmente necesarias. Esto explica los niveles de pobreza y deuda que vemos hoy en día.

Una vez vi una chamarra en un aparador que me llamó tanto la atención que quise entrar a la tienda para mirarla. Le pregunté a la empleada el precio, que ella me dio mientras me ayudaba a ponerme la chamarra. Conforme me miraba en el espejo de la tienda, le dije que el precio era excesivo y en realidad no necesitaba una chamarra. Con una cálida y bella sonrisa, la empleada me dijo que nadie compra una chamarra porque la necesite, sino porque se le ve bien y lo hace sentir cómodo. Fascinado por su respuesta, le pregunté si aceptaban tarjeta.

Con todo el caos y las tragedias que los medios de comunicación difunden diariamente, es alentador encontrarse con alguien que nos da soluciones y es cálido con nosotros. Seguro te puedes imaginar el tipo de persona al que me refiero. Alguien que siempre sonríe y nos dice que sí, verá qué puede hacer por nosotros. Yo quiero que me atiendan personas con una actitud positiva. No me gusta que sólo me vendan. A mi alrededor quiero gente positiva, colaboradora, que sonría y se motive. Es lo que todos quieren.

Mi asistente personal se llama Jen. Cuando la contraté, nunca había trabajado en un negocio como el mío, ni en un ambiente como el de mi oficina. No la contraté por sus habilidades ni por su experiencia, sino por su actitud positiva. Jen es un "sí se puede" superior y cuenta con una sonrisa que trasluce su actitud. Eso no quiere decir que no cometa errores; los comete. Pero gracias a su actitud sus errores son aceptables. Nunca me molesto con ella gracias a su disposición para ayudar, a su respuesta positiva. ¿Jen es vendedora? ¡Claro que sí! Lo es todos los días de la semana, lo sepa o no.

Nunca dejes que alguien te convenza de que la gente pagará más por una gran actitud y un gran servicio. La habilidad para mantenerte positivo, vayas ganando o perdiendo, será lo que garantice que al final venzas. ¡La actitud es más importante que cualquier otra cosa! Yo adoro a las personas positivas y las encuentro irresistibles. Cuando eres positivo, la gente te encontrará irresistible.

Trátalos como si fueran millonarios

Mi esposa y yo solemos ir a un lugar llamado The Grove para cenar y ver una película. Dejamos el coche en el *valet*, donde un joven rubio de pelos parados nos saluda y abre las puertas del coche mientras nos sonríe, como si le diera mucho gusto vernos. "Que bueno verlo otra vez, patrón", me dice. "Déjemelo a mí. Lo veré en un par de horas con su carro listo en la entrada." Cada vez que voy, le doy una propina de veinte dólares, incluso cuando hubiera podido darle sólo dos dólares. El otro *valet* que trabaja con él nos mira como si fuéramos una molestia para él, nunca sonríe, parece que odia su trabajo y estaciona mi auto en el mismo lugar que el chico rubio. Debido a su actitud, le doy cinco dólares, y sólo porque me estaciona el coche. Estoy seguro de que después va con su novia y se queja de lo tacaña que es la gente, a pesar de sus grandes coches y de que su compañero tiene demasiada suerte.

Te lo garantizo, el otro *valet* no tiene buena suerte y yo no soy un tacaño con las propinas. La actitud hace la diferencia. La realidad es que las personas que tienen mejor actitud también tienen mejor suerte. No hay mejor tesoro que una gran actitud y con una gran actitud se pueden encontrar los mejores tesoros de la vida.

Una vez, un cliente quería comprarme un camión y, como todos los compradores, no quería que la agencia automotriz se llevara una comisión. A él le pareció que podía pedir que la venta se hiciera por el precio de fábrica. Esto no tenía ningún sentido, por supuesto, pues cualquier agencia automotriz necesita la comisión de la venta para sobrevivir.

Sin embargo, yo estaba seguro de que la actitud era lo más importante y confiaba en que el cliente pagaría por ella y por mi disposición a ayudarlo. Así que le dije:

—No hay ningún problema, se hará de la forma que usted diga, amigo mío. Para mí es muy importante la oportunidad de hacer negocios con usted.

Quedó perplejo con mi respuesta y la sonrisa de mi rostro, pues nunca permití que me colmara la paciencia. Después, pasé una hora entera mostrándole el camión, dejándolo que se familiarizara con él, ambos muriéndonos de la risa. Lo traté como si estuviera a punto de darme un millón de dólares. Por un momento, olvidé que deseaba pagar el precio de fábrica y, gracias a mi actitud positiva, impulsé que las cosas salieran como yo quería.

Al momento de cerrar el trato, le mostré una factura por el precio de fábrica más los impuestos y la comisión, por un total de cuatro mil dólares, a los cuales añadí otros dos mil que le garantizaran que me haría cargo de sus necesidades durante los siguientes cuatro años. Al ver la factura, me miró y dijo:

—Yo sé que puedo comprar este auto en la calle sin gastar tanto en sus servicios.

Con una sonrisa, le respondí:

—Es probable, pero ahí no lo atenderé yo.

El soltó una carcajada y me dijo:

—No sé por qué voy a hacerlo, pero hagámoslo. —Y me entregó un cheque.

Recuerda, un buen producto se puede comprar, una gran actitud no. Un precio se puede mejorar, una gran actitud es invaluable. En el mundo no existe nada más valioso que una persona con una actitud positiva.

La gente siempre actuará de acuerdo con tu actitud. Si es negativa, espera reacciones negativas. Si es positiva, puedes esperar reacciones positivas. Si le grito a una persona y la amenazo, puedes prever que ella huirá o se peleará conmigo. Ninguna de estas reacciones es buena para un vendedor. En cambio, si soy agradable y conciliador, puedo esperar que, si mi actitud es suficientemente contagiosa, el cliente me trate de la misma forma. Cuando tienes la capacidad de hacer que la otra persona se sienta mejor de lo que se sentía antes de establecer contacto contigo, en ese momento ya no dependerás de que tus productos sean los mejores del mercado.

Según como trates a los otros será la manera en que ellos te traten a ti. Tu actitud precede a todo lo que te pasa en la vida. Si no piensas más que en averías de auto, el tuyo se va a averiar. Si te rodeas de personas negativas, comenzarás a ser negativo. Mantente cerca de personas con problemas y los problemas no tardarán en llegar a ti.

Un producto de su contexto

Cuando era niño, mi mamá me dijo que yo era las personas con las que me rodeaba. Si bien en aquel entonces me resistí a darle la razón, hoy sé que la tiene. Hoy puedo tomar ese viejo dicho y llevarlo más lejos: tú eres producto de todo lo que te rodea. Eso incluye la televisión que ves, los periódicos que lees, los amigos que tienes, las películas que ves, tus pasatiempos, tus intereses, tu familia y todo aquello relacionado contigo.

Cada vez que viene el invierno, los noticieros invierten horas y horas en convencerte de que la influenza estacional llegó, puedes contagiarte y millones de personas enfermarán. Antes, las llamaban epidemias, ahora pandemias. ¿Crees que la gente se contagia porque la enfermedad se promueve con demasiado esmero? ¡Claro que sí! Los medios producen que todos piensen en la influenza, se preocupen por ella y hablen sobre ella hasta que logran contagiarse.

Cuando los medios de comunicación hablan sobre crisis económicas, logran que la gente se ajuste el cinturón y justamente producen la crisis. Economías enteras se pueden paralizar gracias a lo que dicen la televisión y los periódicos. La actitud de naciones enteras puede manipularse para que pase de positiva a negativa, de modo que sólo unos pocos puedan beneficiarse. Durante decenas de años, los periódicos y los noticiarios han utilizado su influencia para subordinar la actitud de la gente. Si las acciones de millones de personas pueden ser determinadas por lo que dicen los noticiarios, seguramente tu actitud puede influir en otra persona para que se sienta bien o mal.

Incluso la mayor parte de los médicos concuerdan en que casi todas las enfermedades son psicosomáticas (es decir, mentales). Esto se ha comprobado gracias a experimentos en los que pacientes atendidos con placebos se curan antes que quienes reciben medicamentos reales. A pesar de que los placebos no son más que dulces, la gente cree que va a curarla y, por ende, lo hacen.

Creo que una de mis mejores cualidades es mantenerme siempre positivo, aun si la gente que me rodea pierde la cabeza. Cuando todos los que están cerca de mí se ponen histéricos, se preocupan en exceso y se deprimen, yo me pongo positivo. Al mantenerte con una buena actitud, te conviertes en líder y la gente comienza a hacerte caso. Si esa posición te parece atractiva, entonces debes hacer todo lo posible por proteger tu actitud de aquello que la ponga en peligro. Además, debes prevenirte de las personas que quieran afectarte negativamente.

Ser positivo no es suficiente, también debes protegerte de los negativos. Observa a tus amigos, a tus familiares, a tus colegas y a todos los que estén a tu alrededor y quieren afectar negativamente a los demás. Como las enfermedades, las actitudes son contagiosas. En términos de actitud, tus enemigos no son problema, lo es la gente que tienes cerca. ¿Dejarías que tu mejor amigo deje su basura en tu casa? ¡Por supuesto que no! Pero eso es exactamente lo que hace cuando te visita y no deja de hablar de malas noticias, chismes y problemas. En ese momento permites que deje toda su basura mental en tu entorno, lo cual deja abierta la posibilidad de que te infectes.

Tips para tener una gran actitud

Si no te pagan lo que crees justo y sabes hacer lo que haces, te garantizo que tu actitud es uno de los problemas. Si quieres un mejor sueldo, consíguete una mejor actitud. La pregunta a responder es: ¿cómo puedes cambiarla? ¿Cómo te puedes mantener positivo? ¿Cómo puedes asegurarte de tener una feliz, sonriente y amorosa vida?

Aquí te presento algunas sugerencias que yo aplico cada vez que me quiero asegurar de tener una gran actitud.

1. Evita periódicos, noticiarios de televisión y la radio.
2. Aléjate de personas que para todo responden que no se puede hacer, que tienen muchos problemas en la vida y no les va bien. Tú puedes intentar ayudarlos, pero no te quedes eternamente con ellos ni dejes que su negatividad te afecte. Esto incluye a familiares y amigos.
3. Haz que quienes te rodean sepan muy bien hacia dónde vas y qué quieres de la vida, así como lo que esperas que ellos te aporten para conseguirlo.
4. Evita las drogas y el alcohol debido a su influencia negativa en tu mente. Te volverán letárgico, lento e inseguro. Las drogas con receta te afectan tanto o más que las que venden en las calles. Tan sólo mira las reacciones secundarias que producen. Controla tu actitud estando consciente y alerta en lugar de drogado y como zombi.
5. Evita lo más posible hospitales y doctores. Velos sólo cuando sea absolutamente necesario. A lo largo de mi vida he visto mucha gente que empeora su salud al ver a un doctor o pasar algún tiempo en el hospital. Más que lugares para sanar, los hospitales parecen fábricas de enfermedades. Tan sólo mira a la gente que sale de ellos.
6. Considera que las palabras dichas en sentido negativo también son como basura. Pon un letrero en tu casa y en tu oficina donde se prohíba hablar mal de las personas o las cosas. No

dejes que las personas hablen así cuando estén cerca de ti. No lo necesitas. Haz como si fuera basura y no permitas que nadie ensucie tu entorno.

7. Comienza con la dieta en contra de la negatividad hoy mismo. No te comprometas con pensamientos, ideas o pláticas negativas durante las próximas veinticuatro horas. Éste es el principio para que tomes control de tus pensamientos y acciones, y te ayudará a tener la disciplina suficiente para controlar tu mente y tus actos. Los pensamientos son anteriores a las acciones y tus actos determinarán el sentido de tu vida. Una vez que tomes control de tu manera de pensar, controlarás tus acciones. La dieta en contra de la negatividad funciona así: cero pensamientos negativos, cero pláticas negativas, cero acciones negativas durante las próximas veinticuatro horas. Si fallas, reinicia el conteo. Si bien te puede parecer que se trata de un reto bastante sencillo, nunca he conocido a alguien que logre hacerlo en el primer intento y sé de muchos que lo reinician a los diez minutos.

Con estos consejos puedes comenzar a competir contigo mismo hasta controlar la manera en que piensas, actúas y vives tu vida. Generalmente, la gente es inconsciente de lo negativas que se han vuelto, ¡y luego se preguntan por qué les va tan mal en la vida! Controla tus pensamientos y controlarás tus acciones. El sencillo juego que te propongo en el último consejo te ayudará a cobrar conciencia. Una vez que la tengas, empezarás a hacer cambios. Sé gentil y honesto contigo mismo mientras lo practicas. Cuando falles, toma noción del pensamiento o la acción que te hizo perder, apúntala y reinicia la cuenta. Hazlo así hasta perseverar durante veinticuatro horas. Después, fíjate cuántos días seguidos puedes conseguir. El objetivo es crear conciencia y disciplina acerca de lo que decides pensar y hacer en la vida.

Si quieres saber cómo deshacerte de una vez por todas de la negatividad, llama a mi oficina y mi equipo te introducirá a la única y verdadera forma en que podrás librarte de los cálculos, las ideas y las reacciones negativas para convertirte en la persona positiva, esperanzadora y dispuesta a ayudar que se supone debes ser. La realidad es que, si no lo necesitaras, no tendrías necesidad de hacer la dieta contra la negatividad. Llama al 800-368-5771 y mi equipo te presentará la más excitante aventura de toda tu vida.

En la vida, nada te dará más beneficios que tu habilidad para mantener una actitud positiva. Nada es más provechoso que un enfoque positivo. La gente te recordará no por tu dinero ni por tus éxitos, sino por tu manera de ser y hacer sentir a los demás. Tu actitud y tu capacidad para influir en la actitud de los demás no sólo incrementará tus ventas, también te reportará beneficios en todos los aspectos de tu vida: en tu matrimonio, con tus hijos, en tu salud y tu riqueza, en tu buena fortuna... *en todo*. Sólo nómbralo, tu buena actitud lo reflejará.

PREGUNTAS DEL CAPÍTULO 16

Según el autor, ¿cuáles son las tres cosas por las que una persona está dispuesta a pagar?

1. _____
2. _____
3. _____

¿Cuáles son las dos cosas que te volverán invencible?

1. _____
2. _____

¿Cuáles son las tres maneras de tratar a la gente como si fuera millonaria?

1. _____
2. _____
3. _____

Según el autor, ¿cuál es tu cualidad más importante?

_____
_____
_____

Menciona cuatro consejos que dé el autor para mejorar tu actitud

1. _____
2. _____
3. _____
4. _____

17

LA VENTA MÁS IMPORTANTE DE MI VIDA

La primera vez que vi a Elena supe que había encontrado a la mujer con la que me casaría. Estuve convencido de esto desde el primer momento. Casi al mismo tiempo me di cuenta de que ella, como otros clientes que había tenido antes, no sería una venta sencilla para mí. Su belleza me impactó tanto que me volví inseguro de mí mismo, de mis cualidades y de mi habilidad para llamar su atención. Sin embargo, pude hacer a un lado mis miedos y me acerqué a ella con el corazón palpitante y el pulso descontrolado. Cuando le dije mi nombre, ella me respondió con absoluto desinterés, como si no pudiera verme. Si hubieras estado ahí, habrías creído que yo era una especie de fantasma o de hombre invisible. Me quedé devastado, seguro de que esta venta sería imposible. Toda la escena no debió durar más de un minuto, luego del cual ella volvió a sus asuntos y me dejó solo.

Después, me acerqué a uno de mis conocidos (fíjate, trabajaba mi base de poder) y traté de averiguar todo sobre ella. Le pedí su número de teléfono. En un principio, no me lo quiso dar, hasta que se dio cuenta de que yo no me iba a ir de su lado si no me proporcionaba una manera de contactarla (¿recuerdas la venta difícil?). Al día siguiente, la llamé con mucho entusiasmo y una gran actitud, convencido de que podía llamar su atención (la actitud es más importante que el producto). De nuevo, mis planes no salieron como yo esperaba: ella aún parecía completamente desinteresada en mí (el producto) y estaba un poco molesta de que la llamara. Sabía que no había tenido buen tino, pero también estaba completamente convencido de que era la mujer de mi vida (amar apasionadamente el producto).

En ese momento no tenía manera de establecer mayor comunicación con ella, pues no sabía qué le gustaba ni cuáles eran sus intereses. Si bien no estaba llegando a ninguna parte, no me daría por vencido. Entonces, busqué un poco de apoyo y consuelo y llamé a mi madre para anunciarle que había conocido a la mujer con la que me iba a casar. Ella se emocionó mucho y me preguntó si ya habíamos tenido una cita. Ahí fue cuando le comenté el meollo del asunto: mi futura esposa no estaba interesada en mí. Al querer proteger a su hijo de una situación en la que podría salir herido, mi mamá me dio un consejo:

—Grant, se necesitan dos para hacer una relación. Si ella no está interesada en ti, entonces tú no puedes imponerle tu voluntad (protégete de información negativa).

Siempre ten cuidado de las personas a las que pides consejo cuando se trata de tus sueños y aspiraciones: incluso quienes más te aman pueden darte información que te disuada de seguir el camino a la felicidad.

En el momento en que mi mamá me dijo "se necesitan dos", supe lo que tenía que hacer. Si esta venta era cosa del destino, ¡entonces dependía de mí! Durante años he escuchado a miles de vendedores quejarse de que una venta no se cierra por culpa de los compradores y gracias a esto adquirí la determinación suficiente para hacer que esa relación se hiciera realidad.

Si me iba a vender a Elena, la venta dependía de mí, no de ella. Si yo esperaba que ella lo hiciera posible, entonces lo nuestro nunca sucedería. Me tenía que poner creativo. Los compradores no compran hasta que alguien les vende algo, y para eso no se necesitan dos, sólo hace falta uno. Fue así que decidí tomar la completa responsabilidad de vendérmele a ella y cerrar el trato. Lo primero que debía hacer: convencerme de mi producto (o sea yo) y comprometerme con él. Así que me senté a escribir todas las cosas que podía ofrecerle, así como las cualidades que podía traer a nuestra relación. Después elaboré un plan de acción. Comencé a llamar a todos los que pudieran conocerla para decirles que ella me interesaba y quería que lo supiera (tomar acciones masivas). Unas semanas después, cuando me sentí con la confianza suficiente para entablar una nueva comunicación con ella, decidí llamarla por segunda vez para darle a entender que me gustaría conocerla y que ella me conociera a mí. Durante todo un año la llamé todos los meses y le dejé pequeños mensajes positivos en su buzón de voz. Ella no sólo nunca atendió a mis llamadas, además ni una sola vez me llamó de vuelta. Pero eso no me detuvo, como a un buen vendedor no lo puede detener el rechazo inicial de sus clientes. Me mantuve interesado y en todo momento dejé ver mi interés. Me volví irracional y perdí toda lógica. Ya que mis llamadas no eran atendidas, en varias ocasiones tuve que recordarme a mí mismo que mi producto era bueno y mi misión era extraordinaria.

Volví a mi base de poder para trabajar en ella. Gracias a la persistencia, descubrí que un amigo mío tenía una amiga que lo era de Elena. Así pues, me di a la tarea de conocer a la amiga, decirle que estaba interesado en Elena y contarle mis desafortunados intentos por establecer contacto con ella. Entonces le pregunté si podía hablarle bien de mí y ayudarme a saber por qué no me respondía. Fue así como la amiga me dijo que Elena le había mencionado mi nombre, además de contarle que le llamaba todo el tiempo y, a pesar de que mis mensajes le parecían divertidos, no estaba interesada en mí.

Tiempo después, la amiga me contó que le dijo a Elena que yo era un buen tipo y debía salir conmigo. Conforme me contaba esto, pensaba que lo iba a lograr, realmente iba a hacerlo, pero en el mismo momento la amiga me confesó, de manera delicada para no lastimarme, que Elena le había dicho que no tenía oportunidad con ella porque no era su tipo.

"¿Eso es una queja o una objeción?", me pregunté. ¿Cuál era el problema? Tuve que convencer a la amiga para que me dijera en términos concretos cuál era el asunto al que me enfrentaba.

Finalmente, después de mucho insistir, la amiga me dijo que Elena creía que yo era muy chaparro, no le gustaban los vendedores y no era su tipo.

"Sin embargo, ésas no son razones para no salir conmigo, *esas son sólo quejas*", pensé (saber la diferencia entre quejas y objeciones).

Si bien el sentido común me dictaba tirar la toalla, cuando iba caminando por la calle vi a un tipo horroroso al lado de una mujer realmente espectacular y me pregunté cómo lo logró. No conocía la respuesta, pero sí sabía que no lo consiguió resignándose. Así pues, decidí que no me iba a echar para atrás hasta que consiguiera una cita, por lo menos una, para mostrar los beneficios de mi producto (o sea yo) y cerrar el trato.

Así pues, tuve que concordar con Elena, pues ésta es la regla número uno de las ventas. Le llamé por teléfono y le dejé mi treceavo mensaje: "Hola Elena, soy Grant. Como seguramente ya sabes, he hablado mucho con Erica acerca de ti. Mira, no quiero que creas que soy un acosador o algo por el estilo, sólo soy un tipo que está realmente interesado en ti y no pienso darme por vencido hasta que me des una oportunidad. Por cierto, noticia de última hora: hoy crecí un centímetro." Fíjate cómo siempre mantuve el mensaje en un tono positivo y no dije nada que la hiciera sentir mal.

Días después, le pregunté a un amigo mío sobre Elena. Él también había intentado salir con ella y me dijo que, por el momento, ella no quería saber nada de relaciones. En cambio, era una aficionada a los campos de tiro y una apasionada de su carrera como actriz. De hecho, mi amigo me daba razones por las cuales Elena no parecía ser un gran partido (sonaba como el típico vendedor resentido que no pudo cerrar un trato). Yo seguí la pista de los campos de tiro y descubrí que Elena era una de las diez mejores tiradoras de todo el estado de California. Así pues, llamé al L. A. Gun Club, reservé un espacio de práctica y contraté al mejor entrenador de Los Ángeles para el sábado siguiente.

Entonces la volví a llamar y le dejé un mensaje en el que le dije que había reservado un espacio en el campo de tiro junto con el mejor entrenador de la ciudad para ver si quería acompañarme (encuentra el interés de tu cliente, no el tuyo). ¡Sesenta segundos después me llamó por primera vez! Ese sábado tuvimos nuestra primera cita y en menos de un año nos casamos.

Mi esposa ha sido la venta más difícil de toda mi vida, pero te puedo decir que el esfuerzo valió la pena. He estado involucrado en negocios con un valor de ochenta millones de dólares, pero ninguno de ellos se compara con lograr que esta mujer se fijara en mí, saliera conmigo y después aceptara convertirse en mi esposa.

Hoy, te podrá decir que yo vi mucho antes que ella nuestro futuro y mi convicción y certeza fueron imposibles de resistir. Jamás te dirá que le impuse mi voluntad, la apresuré o la acosé. Ella te dirá que pude predecir el futuro y logré crearlo gracias a que así lo quise, me quedé a su lado e hice todo lo necesario para cerrar el trato. Mi esposa no te dirá que la engañé o recurrí a trucos para convencerla, sino que le mostré mi amor y puse todo de mí, a pesar de no saber cuál sería su respuesta (la filosofía del dar y dar y dar).

Puedo decirte que ésta ha sido la venta más importante de toda mi vida y, de no haber tenido la noción de que las ventas son útiles en cualquier campo de la vida, hoy no tendría junto a mí esta valiosa recompensa.

Conclusión

Tu habilidad para persuadir a los demás determinará qué tan bien te puede ir en otras áreas de la vida. Saber vender es una necesidad absolutamente necesaria en la vida para hacer realidad tus sueños. Si bien puede ser una carrera sólo para algunos, es un requisito para todos. Necesitas saber vender, negociar y persuadir a otros para salirte con la tuya. Según el grado en que sepas hacerlo, el estilo de vida que tendrás y el número de personas en quienes puedas influir.

Conviértete en un estudioso de esto que llamamos ventas. No lo veas como una cosa desagradable que debes hacer o para la cual contratas a otros para que lo hagan. Las ventas son el combustible de todas las economías del mundo. Si no hubiera gente vendiendo ideas, conceptos y productos, el mundo nunca mejoraría. Si realmente quieres ser diferente en el mundo, aprende a vender. Si quieres asegurarte de que el mundo conozca tus valiosas ideas, debes saber vender. Si quieres que te vaya bien en la vida, tu negocio prospere, tu familia tenga bienestar, utiliza la información de este libro y yo te garantizo que encontrarás beneficios que otros consideran imposibles de conseguir.

PREGUNTAS DEL CAPÍTULO 17

Escribe un breve ensayo en el que expliques lo que aprendiste de este capítulo y de lo que llevas del libro. Describe cómo piensas aplicarlo para conseguir lo que quieres en la vida.

_____

_____

_____

_____

_____

_____

_____

_____

_____

_____

_____

_____

_____

_____

_____

_____

_____

_____

18

EL PROCESO PERFECTO DE LAS VENTAS

En este capítulo te quiero mostrar cómo se ve un proceso de ventas llevado a la perfección. Lo primero que tiene es que todos los involucrados quedan satisfechos y el usuario incrementa su efectividad.

Durante los últimos cincuenta años muy poco ha cambiado sobre cómo vende cosas la gente. La mayoría de la información es anticuada y busca motivar al vendedor para tener control de sus clientes de manera que éstos pasen mucho tiempo con ellos, bajo la creencia de que mientras más tiempo estén a su lado más dinero gastarán. Lo cierto es que la gente ha cambiado durante los últimos cincuenta años. Por ejemplo, en la actualidad las esposas toman muchas más decisiones acerca de lo que una familia debe comprar y cómo invertir el dinero; además, es mucho más probable que hoy tanto el hombre como la mujer trabajen. La gente tiene menos tiempo disponible y más acceso a la información. Hay estudios que incluso sugieren que a los compradores ya no les gusta establecer contacto humano para hacer una compra.

De esta manera, un proceso de ventas perfecto debe ser rápido y sencillo para comprador y vendedor, dar información creíble a la que el comprador pueda acceder por cuenta propia, tratar al cliente como una persona informada que tiene acceso al conocimiento y, en última instancia, satisfacer al comprador y a la compañía al consumarse la venta.

Lo primero en que me fijaría para mejorar un proceso de ventas es hacerlo más corto y simple, porque los compradores son extremadamente sensibles para disponer de su tiempo. Ya sea llenar su tanque de gasolina, mostrarle los beneficios de la membresía de un gimnasio, comprar un atuendo, comestibles o tecnología, el tiempo es una preocupación constante en la mente de tu comprador. ¿Cuánto tiempo estaré aquí? ¿Cuánto me va a llevar? ¿Tendré que permanecer mucho tiempo con una persona con la que no quiero estar?

Básicamente, un proceso de ventas consiste en averiguar lo siguiente de un comprador: ¿Quién es? ¿Qué quiere? ¿Por qué lo quiere? ¿Qué debo hacer para satisfacer tus deseos y necesidades? ¿Cómo debo mostrarte mi producto o mis servicios de manera que tengo sentido para ti, pueda hacer una oferta sensata para cerrar el trato, entregarte el producto y después seguir adelante con la seguridad de que puedo repetir el proceso con la siguiente persona? Sin lugar a dudas, me libraré de todo lo que pueda deshacerme en busca de la sencillez y la velocidad.

Otra cosa es que un proceso de venta perfecto se puede promocionar. Si no puedes hacerlo con todas las cosas que intentas, entonces hay algo malo en ellas. La transparencia del proceso es una prueba vital de la integridad del vendedor. En el pasado, el estilo era mantener el control, engañar y ocultar la información, todo lo cual hacía que el proceso no fuera promocionable.

Mucho de lo que aprendí en mis veinticinco años de carrera no podía ser compartido con el consumidor, debido a que siempre había algo no del todo bueno. Por eso que creo que en la actualidad hay un desprecio por las ventas. Pero no tiene que ser así. Los mejores vendedores que conozco son tipos rectos. A ellos no les gusta jugar, dicen las cosas como son y no cierran tratos manipulando a los otros con engaños y artimañas.

Más que largos, los mejores procesos de ventas son cortos. Idealmente, el vendedor debe ser cuidadoso con el tiempo de su cliente y estar dispuesto a invertir el mayor tiempo posible, pero no a desperdiciarlo. El comprador debe ser capaz de entrar y salir tan rápido como pueda o pasar suficiente tiempo para sentirse cómodo y tomar una decisión. No importa si el cliente viene a ti o tú vas a él, no importa si se trata de una venta compleja o sencilla, no importan los precios ni los términos de compra: hay ciertas cosas que debes hacer y otras que simplemente no puedes evadir.

Para determinar si tu proceso de ventas es problemático para tus clientes, pregúntate lo siguiente: 1) ¿sacas pocas utilidades por cada transacción?; 2) ¿el tiempo para dar a los clientes un contrato es una de las principales quejas que recibes?, y 3) ¿los clientes muestran resistencia a tu proceso de ventas?

Los organismos y las compañías constantemente buscan nuevos vendedores cuando, en realidad, deberían pasar más tiempo encontrando maneras de hacer más cómodos, prácticos, informados y novedosos sus procesos de ventas. Cualquier proceso deber estar hecho para cumplir los siguientes puntos, en este orden: 1) el cliente, 2) el vendedor, 3) la gerencia (al último).

La mayor parte de los procesos se diseñan de manera que satisfagan las necesidades de la gerencia, a pesar de que ésta no compra el producto y, en la mayoría de los casos, tampoco lo vende. Un ejemplo de vieja creencia que en la actualidad es inadecuada sería: "Mientras más tiempo pases con el cliente, más posibilidades tendrás de venderle." Esto ya no es cierto. Mientras más tiempo pases con ellos es seguro que le harás perder el tiempo a todos.

Si el proceso que usas no puede satisfacer a clientes y empleados, de cualquier forma es muy seguro que tampoco pueda satisfacer a los gerentes, por más que éstos lo deseen. No importa qué tanto me guste mi nueva Harley Davidson o cuánto quiera que mi hija aprenda a manejarla, ella no es capaz de operarla porque la máquina es muy pesada. El caso es que, por más que los propietarios de un negocio o la gerencia quieran que un sistema funcione, si éste no es útil para clientes y vendedores, simplemente fracasará.

La pregunta de oro para evaluar cualquier proceso de ventas es: ¿podemos promocionar al público lo que esperamos que la gente haga en nuestra tienda? Si no puedes responder que sí, hay algo mal en tu proceso.

A lo largo de mi carrera he trabajado con muchos vendedores y compañías. Por ello, me parece que lo que te presentaré a continuación es un proceso muy poderoso y sucinto. Si bien tiene que ser adaptado a tu cliente y producto, el formato puede ser muy efectivo para ti. Éste es el menor número de pasos al que se puede reducir el proceso para simplificarlo y eliminar pérdidas de tiempo, enfocándote en lo que de verdad te interesa conseguir. Muchas compañías llegan a tener de diez a doce pasos, algunos de los cuales pueden ser eliminados, aunque muchos se resistan a hacerlo. Aquí te presento los cinco pasos cruciales por los que debes atravesar en cada proceso de ventas, te encuentres de frente con el cliente, lo hagas por teléfono o por internet:

1. Saludo.
2. Determinación de los deseos y las necesidades.
3. Elección del producto, presentación y descripción de su valor.
4. Hacer la oferta.
5. Conclusión de la transacción o la salida del cliente.

PASO UNO: el saludo

El objetivo del saludo es presentarte, causar una buena impresión y ponerte a disposición del cliente. En este paso, mi objetivo es sentar precedente para los siguientes pasos. Da la bienvenida si el cliente viene a ti o agradece que te hayan dejado verlo si tú vas con él. Si aún no tienes una relación con ellos, no quieres pasar demasiado tiempo buscando causar una buena impresión. Si ya los conoces, no quieres parecer un hablador que no va al grano. Es imposible olvidarse de este paso. De lo que se trata es de abrir la puerta para convertir al prospecto en un comprador.

Algunos ejemplos de saludos:

- Bienvenido, gracias por venir, ¿en qué puedo ayudarlo? (Después pasas a los siguientes cuatro pasos.)
- Hola, muchas gracias por dedicar un tiempo para verme. Dígame qué sabe hasta el momento para que no lo haga perder el tiempo con información que ya conoce.
- Qué bueno que pude verlo el día de hoy y muchas gracias por su tiempo. ¿Qué información necesita para aprovechar lo mejor posible su tiempo?

Cada uno de estos saludos encamina a la gente a decirte qué quiere y necesita. Después tendrás tiempo para compenetrarte con él y volverte su amigo, si es que el cliente así lo permite. (Si requieres más información acerca de saludos especialmente diseñados para tu negocio, ponte en contacto con mi oficina.) Después de cada saludo, debes pasar inmediatamente al paso número 2.

PASO DOS: determinar los deseos y las necesidades

Determina los deseos, las necesidades y los porqués. Esto lo puedes hacer identificando los hechos o consultándoselo directamente al cliente. La manera más rápida de hacerlo es mediante los hechos de compras anteriores. El propósito de este paso es doble: por un lado, saber qué producto mostrarle al cliente y, por el otro, cómo presentárselo, para subrayar el valor que la otra persona necesita ver y moverlo a la acción.

Incluso, cosas con el mismo valor son diferentes cuando la motivación por conseguirlas cambia. Un vaso de agua es un vaso de agua y, si bien en la superficie puede parecer eso y nada más, el vaso cambia cuando descubres por qué una persona lo desea. Diferentes razones producen diferentes valores y urgencias, y esto debe determinarse en el segundo paso.

Un vaso de agua que se quiere para pasar el último bocado tiene un valor distinto que otro necesario para quitar ácido de un ojo o calmar la sed de un hombre que se deshidrató. Más aún, un vaso con agua de la llave tiene un valor distinto que otro con agua embotellada con propiedades alcalinas para reducir la acidez del cuerpo.

El día de acción de gracias, tanto el vaso como su presentación pueden parecer más importantes, hasta que alguien en la mesa se comienza a ahogar por el pastel de la abuela; entonces, el agua adquiere más valor que el vaso en que se presenta. Pregúntate: ¿Por qué tu cliente quiere conseguir eso? ¿Por qué le interesa? ¿Cuál es su situación actual? ¿Cuál es el problema que trata de resolver? ¿Qué es más importante para él en su siguiente compra? ¿Por qué? ¿Ha tenido otras experiencias similares? ¿Qué quisiera mantener de su situación actual? ¿Qué no hace por él? ¿En una escala de uno a diez, cómo calificaría su situación actual? ¿Qué se necesita para conseguir un diez? ¿Lo volvería a hacer? ¿Valió lo que pagó? ¿Cuál es el valor que le daría? ¿Qué lo haría mejor? Cuando determinas deseos y necesidades no estás vendiendo, estás escuchando. Ya que esto se hace en las primeras etapas del proceso, toma en cuenta que después utilizarás esta información para hacer la propuesta y cerrar el trato.

Recuerda, todas las compras o inversiones se hacen para tratar de resolver algún problema. Todas. Nadie compra un martillo porque quiera un martillo. Tú lo compras porque quieres hacer un hoyo.

PASO TRES: elige un producto, preséntalo y describe su valor

Elige el producto y preséntalo. Elige por tus clientes en lugar de que estos vaguen alrededor y examinen todo tu inventario y seleccionen por sí mismos. No importa si lo que ofreces es un objeto tangible o no, tienes un inventario. Si vendes seguros, a partir de lo que averigües en los dos pasos anteriores serás capaz de elegir un producto y presentarlo de manera que demuestres que resuelve un problema y beneficia a tu cliente. Lo mismo es cierto con cualquier tipo de servicio, ya sea una cirugía, una pieza de arte, un auto, muebles, la membresía de un gimnasio o un regalo para una reunión de caridad... o un simple vaso de agua.

Debes elegir el producto de acuerdo con lo que el cliente te dijo que era importante. No tiene ningún sentido que le hables de la pureza del agua o de la calidad del cristal del vaso a un hombre que se ahoga. Si te quiero comprar una casa, por favor muéstrame lo que necesito y no lo que está en mi presupuesto. Y si me quieres vender una casa e hiciste bien el paso 2, entonces déjame ver el terreno antes de enseñarme la casa. Cuando compro una propiedad, me interesa más el valor del terreno que la casa. En cambio, si no te tomas el tiempo necesario para cumplir exitosamente con el paso 2, me harás perder el tiempo con una presentación para demostrar cosas que no me importan.

En mi programa de televisión *Turn Around King*, puedes ver cómo, en uno de los episodios, un vendedor de un gimnasio me enseñaba productos sin saber lo que yo quería. Él hubiera sido más efectivo si hubiera averiguado antes mis necesidades. Cuando entendió que a mí me importaban las albercas y no las pesas ni la socialización, entonces su presentación se movió hacia elementos que a mí me parecieron interesantes. El hecho de que adoro nadar y creo que practicar en una alberca olímpica me puede ejercitar mucho mejor que cualquier otra cosa le hubieran permitido hacer una presentación mucho más concisa, además de provocarme la urgencia por obtener la membresía que me ofreció.

Si un cliente te llama para pedir informes por una casa de tres mil y tantos metros cuadrados sobre un terreno de cinco acres, ello no significa que necesita ver los tres mil metros cuadrados o bajo cada una de las hojas y las puntas del pasto. De hecho, es imposible saber qué enseñarle al cliente sin que antes no lo preguntes. Después, en tu presentación, concéntrate en las cosas importantes para él. Acorta tu presentación y selecciona sólo los datos que lo harán comprar en ese mismo instante. ¿Cuáles son esas cosas que le darán sentido? ¿Cuál es el motivo más importante con el cual tu cliente justificará su compra y validará el producto como una decisión bien hecha? Tu presentación del producto es el momento en que resaltarás su valor, crearás la urgencia por adquirirlo e incrementarás el deseo del comprador para darte dinero con tal de tenerlo.

Reduce tu demostración a la mitad y duplicarás tus posibilidades de hacer la venta. Pasa demasiado tiempo hablando de cosas que al comprador no le interesan y no sólo conseguirás perder el tiempo, sino que también reducirás tus posibilidades de cerrar el trato.

PASO CUATRO: haz la oferta

Yo siempre hago la oferta. Siempre. Incluso cuando la gente no está lista, le hago la oferta. Muchas personas sugieren no bombardear a los clientes con números, pero creo que si no los muestras nunca llegarás a un acuerdo. Fíjate bien, no sugiero que hagas una oferta antes de la presentación del producto, pero sí que seas agresivo y hagas lo que puedas con tal de mostrarle cifras a tus clientes, sea cual sea la situación.

Siempre posiciónate para presentar una oferta. El objetivo es hacerlo con el cien por ciento de las personas a las que saludamos y en menos de cuarenta minutos. La gente necesita información para tomar una decisión. Hace poco hicimos una investigación con un comprador encubierto que visitó quinientas compañías y sólo el treinta y siete por ciento llegó a hacerle una oferta. Eso quiere decir que, más allá de que el cliente haya entrado a su tienda, el sesenta y tres por ciento de las compañías no tenían ninguna oportunidad de hacer negocios. Al recortar el proceso e insistir en que hagan números con los clientes, hemos logrado que varias compañías incrementen hasta en treinta y cinco por ciento su nivel de ventas en menos de treinta días. Hace poco lo hicimos con una compañía de venta al menudeo en Boston a la que proveímos de capacitación para conducir a todo el equipo hacia el mismo objetivo: presentar una oferta. En un solo mes, lograron utilidades por más de 350 mil dólares por el simple hecho de presentar una oferta. Visita www.cardoneuniverstity.com, para informarte.

PASO CINCO: cierra la venta

Aquí es donde podemos saber qué tan bueno eres. Busca dos de mis creaciones más recientes, mi aplicación *Close the Sale* y mi libro *Los cerradores, guía de supervivencia* con programa de audio, con los cuales cualquier vendedor se puede convertir en un maestro del cierre de un negocio.

Lo primero es estar listo para CERRAR el trato. Hacerlo es un arte completamente distinto al de vender. Todos nacemos con capacidad para vender, pero cerrar un negocio es algo que debes aprender. Por cierto, ésta es la parte en que el mayor número de profesionales piden ayuda. Es aquí donde te debes convertir en un SÚPER-NINJA-MÁSTER-QUE-SABE-CERRAR-EN-CUAL-QUIER-SITUACIÓN. Un gran cerrador necesita haber concluido cientos de tratos antes de siquiera soñar considerarse como tal. Un experto necesita tener compromiso absoluto para encontrar maneras innovadoras de lidiar con cualquier tipo de situación.

Objeciones sobre el precio, sobre el presupuesto, sobre mejores ofertas y cosas semejantes son el tipo de argumentos que escucharás de tus clientes. Convertirte en un profesional del cierre es importante no sólo porque es lo que hace falta para vender, sino porque te da confianza en tu habilidad para lidiar con las objeciones y los problemas, lo cual te reportará aún más ventas. Un vendedor que no sabe cómo cerrar comenzará a evadir el resto de los pasos y sus necesidades, incluso, a tener una mala actitud. En términos prácticos, ¿para qué intentar vender si no puedes cerrar el trato? El cien por ciento de tu salario proviene de las ventas que logras cerrar. Es de aquí de donde sale tu sueldo. Aproxímate a esta habilidad como si se tratara de conseguir una cinta negra.

Otro par de programas que he hecho para ayudarte son el libro *My Closers Survival*, que incluirá tres volúmenes, y mi página web www.closeorlose.com. En ambos podrás encontrar cientos de respuestas para CUALQUIER objeción que puedas escuchar en tus negociaciones.

19

EL ÉXITO EN LAS VENTAS

Considera el éxito como tu tarea,
tu obligación y tu responsabilidad,
¡no como una opción o un trabajo!

El mejor consejo que te puedo dar para ser exitoso en cualquier área es convertir al éxito en asunto ético en lugar de financiero o técnico. Casi todas las personas dicen que quieren ser exitosas, pero la mayoría se aproximan a ello como si fuera una opción. Cualquier cosa a la que te aproximes como una opción o con un quizá, NUNCA será tuya.

¿Sabes que menos de dos por ciento de las familias de Estados Unidos ganan más de 250 mil dólares al año? ¿Por qué? O bien el sistema está hecho para perjudicar a noventa y ocho por ciento de la gente o bien noventa y ocho por ciento de la gente toma al éxito como algo que puede o no ocurrir. Fíjate bien, el hecho es que las personas más ricas del mundo no son ni más inteligentes ni trabajan más que tú. Una de las principales razones por que las personas no tienen éxito se debe a su falta de compromiso con él. Se lo dejan a la economía, al tiempo y a otras circunstancias sobre las que no tienen control.

Asumámoslo, la mayoría de la gente ni siquiera se acerca a crear el estilo de vida que desea y muy pocos logran crear el estilo de vida para el que tienen potencial. La gente dice que quiere tener relaciones exitosas, que desea tener libertad financiera, alcanzar logros y negocios solventes, que necesitan dinero y desean ser millonarios, pero no van tras estos sueños con una actitud incansable, imperecedera, avasalladora.

Hazte estas preguntas

- ¿Cumples con tu potencial? (sé honesto)
- ¿Te aproximas al éxito como un deber y una obligación?
- ¿Tener más éxito sería dañino para ti?
- ¿Toda tu familia marcha bajo el mismo plan para ser exitosos?

Si tu respuesta a alguna de estas preguntas fue no, es muy poco probable que seas exitoso en cualquier aspecto. Tu problema no serán las ventas, será que no te has comprometido con el ÉXITO como un deber y una obligación. En ventas, como en cualquier otro rubro, debes demandar el éxito o de otra manera éste te eludirá. Deja de aproximarte a él como si fuera una opción y tus posibilidades para alcanzar tus sueños se incrementarán exponencialmente. Te puedo asegurar que si no crees que vivir todo tu potencial es tu obligación, entonces sencillamente *jamás* podrás vivirlo por completo. Si el éxito no se vuelve un asunto ético para ti (una obsesión, un deber ser), entonces no harás lo que hace falta para conseguirlo. Mucha gente sugiere que el éxito es un camino más que un objetivo. Tras consolidar varios negocios que nacieron de la nada, te puedo decir que, si bien el éxito puede ser un camino, es más importante entender que está lleno de obstáculos y hay cientos de personas que compiten contra ti. Tanto los obstáculos como tus competidores intentarán alejarte de tu objetivo y sólo quienes se comprometen con el éxito como un destino son aquellos que permanecerán durante todo el recorrido.

Uno de los parteaguas de mi carrera como vendedor llegó cuando me di cuenta de que, si realmente quería tener una vida profesional exitosa, debía convertir este deseo en una prioridad, en un destino más que en un trabajo. En el momento en que dejé de pensar en las ventas como un asunto casual y me puse a estudiar todo lo necesario al respecto, entonces comencé a ser el creador de mi propio éxito. De la misma forma, en el momento en que me aproximé a mi carrera de vendedor como un camino para ser el creador de mi propio éxito y lo consideré como una tarea, una obligación y una responsabilidad, casi como una misión militar, en ese momento los obstáculos comenzaron a desvanecerse. Entonces me di cuenta de que mis logros como vendedor no se debían a alguien más, a la suerte ni al azar.

Incluso las personas más afortunadas entre nosotros tienen que hacer algo para ponerse a sí mismas en el lugar correcto, en el momento indicado, con las personas necesarias. La suerte no es más que uno de los muchos beneficios con los que cuentan las personas que toman más acciones y están mejor preparadas. La razón de que los vendedores exitosos parecen suertudos es porque el éxito atrae más éxito. A menos de que estés al tanto de sus acciones, no puedes ver los cientos de veces que ese vendedor exitoso hizo las cosas y falló, sólo para volver a intentarlo. La suerte no te volverá exitoso; comprometerse con el éxito es la manera de tener suerte.

Debes aproximarte al éxito como los padres se acercan a las obligaciones de su paternidad: como un honor, una obligación y una prioridad. Comprométete con tu carrera, con tu producto, con tu compañía y haz de tu cliente un deber, una obligación y una responsabilidad. Así como lo expuse en el capítulo *La venta más importante*, debes comprometerte en todos los niveles. Los buenos padres harán *todo* lo necesario para cuidar de sus hijos: despertarse a mitad de la noche, vestirlos, alimentarlos, pelear por ellos, cuidarlos, incluso poner sus propias vidas en riesgo con tal de protegerlos. De la misma manera debes acercarte a tu carrera como vendedor.

Sé honesto contigo mismo, nunca justifiques tus fallas

Es muy común que las personas no exitosas comiencen a justificarse a sí mismas. Algunas incluso llegan a mentirse. En la industria de las ventas es fácil detectar a quienes en algún momento lo hicieron bien, pero que poco a poco han comenzado a decaer. Lee el capítulo sobre la regla de 10X en el que hablo sobre los pretextos que las personas se dan a sí mismas.

Por ejemplo, cuando un niño no consigue lo que quiere, primero lo pide amablemente, luego se muestra decepcionado, después comienza a insistir y finalmente empieza a pelear y hacer berrinche. Un momento después, cuando le insisten en que no puede tener lo que desea, el niño se convence a sí mismo de que no lo quería. Vende o deja que te vendan. Todo lo que el niño necesita hacer es pasar por todo el ciclo un par de veces para que sus padres se desmoronen. Cuando no eres honesto, renuncias. No hay ninguna buena excusa que justifique no conseguir lo que quieres o necesitas. Es obvio que no siempre conseguirás cerrar la venta, pero por favor no falles y luego te pases toda la tarde inventando mentiras y excusas sobre cómo eso no era importante para ti o por qué no eres exitoso.

Sé honesto contigo mismo cada vez que vendas o falles en vender algo. Pregúntate por qué no lo lograste, qué podrías haber hecho diferente, en qué fallaste, cómo podrías haber argumentado mejor el precio del producto, cómo podrías haber mostrado un mejor financiamiento, por qué no te pusiste frente a la persona correcta, etcétera. Sé honesto, brutalmente honesto y asume la responsabilidad del resultado. No dejes que tus colegas te consuelen y te digan que todo estará bien, el cliente no estaba listo, no tenía dinero, era un tacaño, un comprador difícil que nunca compra nada, no puede tomar una decisión, el producto está muy caro, no lo tienen en inventario, la economía apesta. Por favor, detente. Me aburres y te haces daño al no ser honesto.

Tu éxito en las ventas vendrá cuando estés mental, espiritual y técnicamente preparado para reclamarlo y crearlo, tomando las acciones necesarias para perseguirlo y persistir a lo largo del tiempo hasta alcanzar tus objetivos. Si no estás listo para ser brutalmente honesto contigo mismo acerca de por qué no lograste la venta, te quedarás estancado en un nivel de éxito descendente. Y cuando tus éxitos sean menguantes, verás cómo tus acciones comenzarán a ser iguales.

Para demandar un nivel de ventas consistentes, debes:

1. Decidir que eres el principal responsable de la venta.
2. Hacer que cerrar la venta se vuelva un deber, una obligación y una responsabilidad.
3. Tomar acciones de manera masiva, seguidas de más acciones, hasta conseguir lo que quieres.
4. No aceptar excusas, razones, argumentos y encontrar una forma de solucionarlo.
5. Prepararte diariamente para manejar cualquier obstáculo, objeción y barrera que te pueda poner un cliente. Busca la Universidad Cardone en:

www.cardoneuniversity.com

20

TIPS DE ENTRENAMIENTO
PARA VENDEDORES

Leer un libro o escuchar un programa de audio no es suficiente. Debes practicar, ejercitarte y ensayar. Tanto los astronautas como los atletas de alto rendimiento practican, se ejercitan y ensayan una y otra y otra vez hasta que cada movimiento, cada respuesta, cada reacción sale a la perfección. Un marino se sumerge por completo en su entrenamiento de modo que no sólo aprende a saber qué hacer en cualquier situación, también cobra extremada confianza en sí mismo para buscar la victoria de manera agresiva.

Si descubres que alguna de las etapas del proceso de ventas te cuesta trabajo y la relegas, esto se debe a que no has aprendido ni entrenado lo suficiente. Cuando me quise volver un vendedor profesional, empecé a ver videos de entrenamiento antes de salir de mi casa e ir al trabajo; luego escuchaba programas de audio en el estéreo del coche de camino a la oficina y después me grabba en situaciones reales para aprender de ellas. Me sumergí a mí mismo en diversas situaciones y en la manera de resolverlas.

Te sugiero que gastes tanto dinero y tiempo en tu entrenamiento como lo haces en tu guardarropa. Déjame decirte que lo que dices y la manera en que actúas influye más en un venta que la forma en que te vistes. Podría vestirme de cualquier modo y vender lo que quiera si estoy en forma. Si fueras un jugador de beisbol profesional, ¿irías todos los días a entrenar a la jaula de bateo? Por su puesto que sí.

Si bien la mayoría acepta que el entrenamiento puede incrementar la productividad, mucha gente no sabe cómo hacerlo.

Antes de considerar lo que te va a costar, calcula el tiempo que invertirás, pues es el verdadero asunto a tomar en cuenta. Si te doy un programa de entrenamiento indicado para mejorar tus ventas, seguramente el asunto del dinero no te importará tanto. ¿Sabías que casi ningún vendedor ha leído un solo libro sobre ventas en toda su carrera? ¿Sabías que incluso menos vendedores utilizan su tiempo para practicar cómo vender? Más aún, quienes sí entrenan no saben cómo hacerlo bien. Lo que quiero decir es que necesitas un régimen de entrenamiento que te convierta en un supervendedor.

Antes de hacer cálculos sobre el precio de libros, seminarios, videos, programas de audio y talleres, necesitas calcular el costo de tus pérdidas cada vez que no sabes capitalizar una oportunidad debido a tu falta de entrenamiento. No importa cuánto tiempo te hayas dedicado a esto, si estás oxidado, estás oxidado. Es posible que puedas talar un árbol con un serrucho, pero te va a llevar mucho más tiempo del necesario. Para mantener el filo de tus ventas bien listo, necesitas pasar tiempo afilándolo. Los entrenamientos para vendedores han fallado a las compañías y a la gente porque no se organizan de manera correcta, sus resultados no son medibles, no pueden ser registrados y son poco relevantes. Cuando la mayor parte de los vendedores lo necesitaron, no hubo suficiente material escrito para ayudarlos a mejorar.

Después de trabajar más de veinticinco años con diferentes compañías y vendedores he descubierto que, para que un programa de entrenamiento sea efectivo, debe cubrir lo siguiente:

1. Entrenar a diario. El material que los vendedores tienen que ver, leer y escuchar se debe enfocar en situaciones de ventas, no sólo en asuntos motivacionales.
2. El entrenamiento se debe enfocar en el objetivo de mejorar la efectividad de manera inmediata. Piensa cómo utilizaría Derek Jeter la jaula de bateo antes de entrar al campo. El entrenamiento en ventas se tiene que hacer diariamente para que afiles las habilidades que utilizarás durante ese mismo día para

hacer más ventas. El entrenamiento debe ser visto como un ingrediente vital e invaluable que te ayude a incrementar tu productividad y ponerte EN CAMINO para mejorar tus ventas y tus ingresos.

3. El entrenamiento en ventas debe estar bien segmentado y ser interactivo. ¿Qué tan segmentado? De dos a cinco minutos o incluso más corto. La mayor parte de los programas de entrenamiento fallan porque sus segmentos son demasiado largos y pierden la atención de los vendedores. Nuestro programa de entrenamiento bajo pedido funciona a través de medios interactivos y provee a los vendedores de segmentos cortos y concisos que se enfocan en situaciones específicas.

4. El entrenamiento debe ser medible y recompensable. Como cualquier otro proceso, un entrenamiento cuyos resultados no son medibles terminará por fracasar. Si no incrementa la productividad de manera inmediata, no está siendo utilizado de la manera correcta o no tiene la más mínima utilidad. La manera de corregir esto es programar distintos recordatorios que nos ayuden a tomar conciencia de que no lo estamos utilizando.

5. Un programa de entrenamiento efectivo debe concentrar ochenta por ciento de sus contenidos, su tiempo y energía en los MEJORES vendedores de una compañía, no en los de reciente ingreso. Si el contenido es realmente relevante y novedoso, más que una repetición de los mismos principios, atraerá la atención de los mejores vendedores.

6. El proceso de entrenamiento debe formar parte de tu día a día y estar disponible en todo momento. Todas las reuniones de *staff* deben incluir entrenamiento y estudiar en ellas los vendedores de dos a cuatro segmentos de manera individual para que, después, todo el equipo se reúna y comparta soluciones que ayuden a unos y otros a mejorar sus ventas durante el día. Al respecto, mi programa de entrenamiento incluye una aplicación con la cual los vendedores pueden interactuar conmigo y consultarme en tiempo real, de forma que yo puedo

asistirlos y brindarles muchas formas de cerrar el trato. Esta combinación de entrenamiento diario es semejante a un proceso de hidratación por terapia intravenosa.

Para que un proceso de entrenamiento sea exitoso, necesitas comprometerte con él. Tiene que ser lo primero que hagas durante el día y continuar haciéndolo a lo largo de la jornada. Debe estar disponible cuando lo necesites e incrementar tus ventas de manera inmediata. Si crees que entrenar a tu equipo resultará muy costoso, piensa en lo que actualmente te cuesta su falta de entrenamiento.

Mi régimen de entrenamiento especialmente diseñado para ti

- Diariamente escucha en el coche programas de audio sobre ventas. Programas que cubran aspectos como manejar objeciones, generar ideas para llamar a los clientes, darles seguimiento, tips para cerrar tratos y cosas por el estilo. Evade material publicitario que sólo se enfoca en asuntos motivacionales. Utiliza material enfocado en estrategias específicas de VENTAS.
- Diariamente mira de dos a cuatro segmentos de programas de video que cubran algún aspecto del proceso de ventas.
- Juega a recrear situaciones específicas del proceso de ventas que te cueste trabajo manejar.
- Utilízame como tu entrenador personal durante el día con mi *Quick Fix Solutions*. Gracias a los avances tecnológicos, puedo asistirte en tiempo real para ayudarte en tus ventas. Entra a www.cardoneuniversity.com. Esto es algo de vital importancia pues, al perder una venta, es muy común que encuentres falsas razones sobre por qué no la obtuviste y, por lo tanto, idees soluciones que no te ayudarán en nada. Con *Quick Fix* te puedes preparar para hacer una venta, tener asistencia durante ella y corregir tus errores después de cada intento.

21

TEN PRESENCIA EN LAS REDES SOCIALES

Una gran parte de la gente utiliza la red para investigar sobre tu compañía, tus productos e incluso sobre ti. Por ende, es obligatorio que tengas algún tipo de presencia en las redes sociales. Ésta no es una opción o algo que puedes o no hacer, tampoco es algo para lo que no tienes tiempo: DEBES UTILIZAR LAS REDES SOCIALES.

Son un método para conectarte, proyectarte y hacerte conocido entre las personas que puedan tener interés en lo que representas. Como lo dije en mi libro *Si no eres el primero, eres el último*, el anonimato es un problema más serio que el dinero. Si la gente no sabe quién eres, no pueden hacer negocios contigo. Si la gente te conoce pero no piensa en ti, no pueden hacer negocios contigo. Debes ser conocido, reconocido, considerado e, idealmente, ser la primera opción en la mente de tu cliente cuando éste quiere comprar algo.

Hoy existe Facebook, Twitter, LinkedIn, Google+, y quién sabe qué más venga después. Estoy seguro de que, en un futuro, estos nombres dejarán de existir y serán remplazados por otro tipo de avances tecnológicos. El día de hoy, todas estas aplicaciones representan algo así como los primeros anuncios de los periódicos y los espectaculares. Más allá del tiempo que te pueden quitar, las redes sociales son un medio gratuito para hacerte conocer. La clave es que sepas CÓMO utilizarlas, en vez de dejarte utilizar por ellas. Para la gran mayoría, las redes sociales son algo parecido a ir a un bar o a una fiesta. Es probable que en un bar puedas hablar de negocios, pero lo más seguro es que la mayor parte del tiempo hables de otras cosas. Si quieres ver un ejemplo de cómo utilizar de manera correcta las redes sociales, mira las siguientes páginas, que diseñé para demostrarle a la gente cómo interactuar y crecer en la red: Twitter@grantcardone y www.facebook.com/cardonesuccess. Observa toda la interacción y los comentarios que recibo sin dejar de promocionarme a mí mismo.

El otro aspecto que te obliga a estar en las redes sociales es la reputación y la opinión que puede tener la gente sobre tu compañía. Hace diez años, si alguien no estaba satisfecho con el servicio de un hotel en algún sitio paradisiaco, sólo podían decírselo a un puñado de amigos y conocidos. Hoy es probable que escriban un comentario en algún sitio de internet y cientos de personas puedan leerlo. La parte más negativa de este avance es que tal vez el comentario no sea una valoración justa del servicio del hotel.

Sólo son necesarios un par de malos comentarios y quejas acerca de ti, tu compañía o servicios para que pierdas cientos de oportunidades, y tu reputación y la de tu empresa se arruinen. Tus clientes están en línea y es de vital importancia que controles tu reputación en internet de forma que puedas proteger tu marca, ya que lo que está en la red puede ser la primera impresión que los clientes tengan sobre ti.

Herramientas sociales como Yelp, Facebook, Twitter, YouTube y cientos de blogs han amplificado la voz de los clientes y potenciado tu capacidad para hacer negocios. Enfrentémoslo: cualquier persona puede hacer un comentario sobre ti o tu compañía sin que se apegue a la realidad. Además, es mucho más seguro que un cliente insatisfecho se tome el tiempo de publicar un comentario en línea, mientras otro satisfecho pocas veces lo hace. Quien está molesto acumula suficiente tensión y disgusto y necesita liberarlo de una u otra manera.

No importa quién seas o a qué te dediques, cuando comienzas a recibir atención y ser exitoso, es cuestión de tiempo para que alguien publique un comentario negativo sobre ti en la red. Esto es un hecho imposible de eludir. La única manera de no recibir atención es esconderte bajo una roca; incluso así, algún día serás descubierto. Con la influencia de las redes sociales, tanto tus críticos como tus competidores pueden utilizarlas para afectarte.

Las críticas, los clientes insatisfechos, las opiniones divididas, el desacuerdo, incluso la difamación y la calumnia siempre han formado parte de los negocios. Estas cosas aparecieron desde que existen los chismes y la competencia. El asunto es que el poder y la accesibilidad de la red la han transformado en un asunto de vital importancia en cuanto al manejo de tu reputación.

Aquí te presento algunas ideas sobre cómo puedes manejar tu reputación en las redes sociales:

1. Protege tu reputación en línea como proteges tu reputación en la vida real. Maneja los ataques personales en las redes de la misma manera en que manejarías un ataque personal. Maneja los ataques, no los ignores o los aligeres. Nada es más importante que tu nombre y tu reputación.

2. Maneja TODOS los comentarios negativos como una oportunidad para hacer negocios. Cualquier queja, calumnia e insatisfacción de un cliente tiene que ser vista como una oportunidad y no como un problema (por lo menos, hasta que demuestren ser lo contrario). Un cliente insatisfecho o un comentario negativo pueden transformarse en un cliente leal o una felicitación pública cuando se manejan de modo correcto. En mi compañía, tengo la política de contactar personalmente a todos los clientes que se hayan quejado alguna vez. Mi objetivo es convertir los problemas en situaciones en que todos ganemos algo.

3. Hazte cargo de forma inmediata. Mientras más rápido lo hagas más fácil se vuelve. Responde de forma instantánea y la gente razonable te agradecerá que le demuestres que son tu prioridad. Nunca respondas como si desearas que eliminen el comentario o la crítica; en lugar de eso, ve al grano y resuelve su queja. "Uf, leí lo que escribiste y quise llamarte de inme-

diato para saber cómo ayudarte. No tenía ni idea, por favor cuéntamelo. ¿Qué puedo hacer para resolverlo?" Una vez que reaccionas de manera correcta, la mayoría de la gente retirará su comentario o publicará uno nuevo para decir lo grandioso que eres.

4. Contáctalos de manera directa. No respondas públicamente, pues atraerás mayor atención al asunto. Como cualquier tipo de comunicación, es mejor cuando se maneja por teléfono, con un mensaje directo o incluso frente a frente. Cuida que tu mensaje no se considere ofensivo, en lugar de eso hazle saber al cliente que quieres saber cómo resolver su disgusto.

5. Sé proactivo. La mejor solución para resolver una crítica es ser activo y no pasivo. Genera iniciativas para recibir comentarios positivos, testimonios y videos acerca de ti o tu compañía. Motiva a la gente que le gusta hacer negocios contigo para que hablen bien de ti. Diseña una campaña de relaciones públicas agresiva y que comunique tu buen trabajo, tus esfuerzos y las contribuciones que has hecho para contrarrestar los comentarios negativos. Llámanos si quieres conseguir ayuda sobre cómo establecer tu reputación de manera sólida en las redes sociales.

6. Conoce tus límites. Si bien yo creo que cualquier queja representa una oportunidad, debes ser capaz de reconocer qué batallas puedes pelear y de cuáles es mejor retirarte. Hay personas cuyo único objetivo es desgastarte. Ellos no buscan soluciones, quieren chuparte como vampiros. Hay gente a la que sólo le interesa hacer ruido, generar conflictos y divulgar odio. Cuando te des cuenta de que sólo quieren afectarte, ignóralos y no te enganches.

Lo más importante es que construyas tu reputación en las redes sociales de la misma forma en que construyes tu reputación y manejas tus relaciones públicas en la vida real. Es sólo cuestión de tiempo para que alguien publique un comentario negativo sobre ti, el cual puede ser una exageración de alguna queja mínima o una total mentira. Es un hecho innegable, en el momento en que recibes atención, recibirás críticas.

Proteger tu reputación en la red requiere que sepas cómo hacer que la gente que busque información sobre ti encuentre lo que tú quieres que sepan. ¡Conviértelo en una prioridad y sé proactivo!

Por último, la principal excusa para no usar las redes sociales es la falta de tiempo. Estoy de acuerdo, no tienes por qué perder tu tiempo como lo pierde noventa y nueve por ciento de los usuarios. En lugar de eso, aprende a usar las redes para ahorrar tiempo. Hazte de un espacio, vuélvete conocido y establece una reputación en la red suficientemente sólida. Yo, personalmente, me desenvuelvo en tres lugares: Facebook, Twitter y Google+. No es la falta de tiempo lo que te impide desenvolverte en la red, es falta de compromiso y comprensión de tus deberes.

Programa de trabajo para conseguir
un éxito de 250 mil dólares

PROGRAMA DE TRABAJO DE 250 MIL DÓLARES
"Ve al trabajo para prosperar, no para trabajar"

6:00 a.m.
- Despierta (la regla es dos horas antes de llegar a algún sitio).
- Escribe tus objetivos del día.
- Ejercítate y escucha o ve programas de entrenamiento sobre ventas.

7:00 a.m.
- Vístete para el éxito.
- Haz de tu tiempo en el coche tiempo para aprender (contenido enfocado a las ventas).
- Desayuna: déjate ver por los clientes.

7:45 a.m.
- Llega temprano a la oficina.
- Planea estrategias para resolver situaciones prácticas.
- Reúnete con tu equipo (reuniones cortas, positivas, no más de veinte minutos).
- Haz una lista de las personas que verás durante el día.
- Reserva un espacio para ir a comer con alguien en la semana: tus clientes habituales son un perfil seguro.
- Planea acciones masivas.
- Dale seguimiento a cien por ciento de las oportunidades que se te plantearon el día anterior (no hagas excepciones).
- Llama a por lo menos cinco clientes para informarles de las mejoras en tus servicios.
- Llama a todos los clientes con los que te escribiste la semana anterior.
- Envía correos electrónicos a tus listas de contactos con las últimas ofertas de tu compañía.

12:00 p.m.
- Llama a tus clientes para invitarlos a almorzar.
- Almuerza con un cliente o déjate ver en los sitios a los que estos van.

13:00 a 17:00 p.m.
- Flujo masivo.
- Mándale correos promocionales a los últimos cinco clientes que te hayan comprado algo.
- Mándale correos promocionales a todos los contactos con los que te hayas escrito durante los últimos diez días.
- Mándale por correo cinco promociones a tus amigos.
- Mándale por correo cinco promociones a todos tus contactos de trabajo.
- Manda cinco tarjetas de felicitación de cumpleaños.
- Visita a algún cliente al salir de la oficina.

17:00 a 20:00 p.m.
- Revisa tus citas para el día siguiente y los posibles clientes con los que te puedas encontrar sin una cita programada.
- Continúa llamando por teléfono hasta que el día concluya.

20:00 a 22:00 p.m.
- Actualiza tu plan de trabajo del día siguiente.
- Ve a casa y entrégate al cien por ciento con tus seres queridos.
- Evita ver la televisión
- Haz una lista de todos los contactos que debes hacer durante el resto de la semana.
- Escribe tus objetivos a largo plazo.
- Intenta dormir.

Los compromisos personales
que un vendedor debe tener diariamente

* ¡Me comprometo a trabajar según un plan todos los días!
* ¡Me comprometo a tener una actitud servicial con todos mis clientes!
* ¡Me comprometo a hacer todo lo que esté en mis manos!
* ¡Me comprometo a superar las expectativas de mis clientes!
* ¡Me comprometo a estar concentrado en conseguir lo que quiero!
* ¡Me comprometo a tomar todas las oportunidades que se me presenten!
* ¡Me comprometo a darle seguimiento a todas las oportunidades!
* ¡Me comprometo a ser excesivamente ético en todas las áreas de mi vida!
* ¡Me comprometo a generar mis propias oportunidades cada vez que pueda!
* ¡Me comprometo a aprender algo diariamente!
* ¡Me comprometo a entrenarme todos los días!
* ¡Me comprometo a tratar de hacer lo que es correcto!
* ¡Me comprometo a ser la persona más positiva que conozca!
* ¡Me comprometo a dejar de dar excusas y hacer que las cosas pasen!
* ¡Me comprometo a hacer realidad mis sueños mediante mis acciones!

Los diez mandamientos de un vendedor

Mandamiento 1: *sé orgulloso y positivo*
Vístete como si estuvieras orgulloso, actúa con dignidad y sé la persona más positiva que tu cliente conozca en su vida.

Mandamiento 2: *vístete para ser exitoso*

Mandamiento 3: *visualiza la venta*
Los clientes no hacen posibles las ventas, las hacen los vendedores. Si lo dejas en manos del cliente, nada va a ocurrir. Si no puedes verlo, nunca va a pasar. Confía en que lograrás la venta y en que, al comprarte un producto a ti, conseguirás a un cliente que te sea leal. Si no lo ves, no va a ocurrir.

Mandamiento 4: *convéncete de lo que ofreces*
En cuestión de ventas, es lo más importante. Si no puedes vendértelo a ti mismo, jamás lograrás vendérselo a alguien más. Conozco vendedores que ofrecen cosas que ni siquiera conocen. ¿Cómo pueden hacerlo y esperar vender? Cada semana escribo una lista de las razones por las cuales la gente debe comprar lo que ofrezco y por qué está bien que investiguen al respecto.

Mandamiento 5: *conoce el valor de tus ofertas*
En la mayoría de los casos, el valor de tus ofertas no tiene nada que ver con tus productos. ¿Qué pones en la mesa que los demás no? Averigua qué le interesa a tus clientes. Pregúntate qué te llevaría a ti a tomar una decisión para comprar algo.

Mandamiento 6: *siempre concuerda con tus clientes*
Cuando escuches alguna objeción con la que no estés de acuerdo, manéjala por medio de acuerdos, no de desacuerdos. Incluso

si el cliente está mal, no tiene sentido que se lo digas. Siempre, siempre, siempre concuerda con tus clientes. "Tiene razón", "estoy de acuerdo", "estoy con usted". En general, es mejor acordar con un cliente que demostrarle que se equivoca. "Estoy de acuerdo con usted" es suficiente.

Mandamiento 7: *vuélvete un apasionado cuando hagas una demostración*
Asegúrate de que en tu demostración puedes duplicar el valor de un producto. Nadie gasta doscientos mil dólares en algo que sólo vale doscientos mil dólares. Lo único en que alguien gastaría una cantidad así demuestra ser mucho más valioso que el dinero que cuesta. Vuélvete un apasionado de tus demostraciones, haz que la gente no pueda vivir sin lo que ofreces.

Mandamiento 8: *usa el tiempo de manera eficiente*
El comprador del siglo xxi tiene prisa. Mi objetivo es hacer el mayor número de ventas en el menor tiempo posible. Tomar atajos sólo te hará perder el tiempo. Pasar mucho tiempo con el cliente NO te garantizará la venta, más bien tendrá un efecto negativo al momento de cerrar el trato y recibir ganancias. Pasa tiempo de calidad con tus clientes e identifica lo que estos quieren para que ambos ahorren tiempo.

Mandamiento 9: *asume el cierre*
"Acompáñeme y le demostraré lo fácil que es que usted se lleve su nuevo _____."
"Si bien es cierto que puede parecer ilógico, hagámoslo."
Haz que sea difícil que te digan no. No preguntes, sólo hazlo. "Acompáñeme" y "firme aquí" son dos de las expresiones más poderosas de un vendedor.

Mandamiento 10: *siempre insiste en cerrar la venta*

Hasta que la transacción no se completa, le eres inútil al cliente. La mayoría de los vendedores nunca insisten demasiado para cerrar un trato. "Firme aquí" son palabras de un ganador. ¡Ser capaz de manejar cualquier tipo de objeción determina si serás exitoso o no!

22

TIPS PRÁCTICOS PARA MANEJAR
CUALQUIER TIPO DE SITUACIÓN

Encuestamos a muchos vendedores para conocer cuáles son sus dificultades más importantes a la hora de vender. En este capítulo agrupamos las respuestas más frecuentes. Tengas el mismo problema o no, seguramente conocer los del resto y mis sugerencias al respecto te será muy útil.

Rechazo

El rechazo no es un asunto de ventas, es parte de la condición humana y experiencia o ilusión que genera la persona que lo siente. Si no te gusta el rechazo te puedo decir que eres mucho más normal de lo que crees. Nunca he conocido a quien le guste. Además, si crees que puedes evitarlo, te equivocas, vives en otro planeta.

Si quieres conseguir una cosa y pides ayuda a alguien pero éste se niega, entonces experimentas rechazo. Puedes irte decepcionado, rechazado y triste o averiguar por qué no te quisieron ayudar.

Por ejemplo, ¿se siente rechazado un pordiosero cuando alguien no le da limosna? Puede ser. Tal vez lo que necesite es cambiar su estrategia. Un joven rico que pregunta a una mujer si quiere salir y ésta le dice que no, ¿experimenta rechazo? Tal vez lo que necesita es cambiar su manera de presentarse y no mostrarse como el típico niño rico que consigue lo que quiere. ¿Te fijas cómo se trata de casos opuestos donde ambos reciben un no como respuesta?

Creo que vivir el rechazo como emoción se debe a que la persona no se hace responsable de lo que le ocurre: "No conseguí lo que quería y voy a sentir lástima por mí, tomarlo como un rechazo y victimizarme." ¡No te pasa a ti, pasa por ti!

El secreto está en la manera de manejar el rechazo. Trata de evadirlo y estarás condenado al fracaso porque te vas a hundir. Si comienzas a pensar menos en tu producto o en tu oferta una vez que alguien te dice no, estás adoptando las ideas de alguien más. Cuando te dicen no, aún no o ya lo compraron a alguien más, ¿eres rechazado? Si no asumes tu responsabilidad en las cosas que te pasan, experimentarás el rechazo como una emoción negativa.

Cuando alguien me dice no, yo no pienso que me rechazaron. Me pongo a ver lo que puedo hacer diferente en la siguiente ocasión. ¿Cómo ser más eficiente? ¿Cómo hacer del cliente potencial un seguro comprador? Nadie te dice "te rechazo", sólo dicen no a una oferta. Eres tú quien crea la ilusión de ser rechazado. El rechazo es un padecimiento de quienes no se hacen responsables de los resultados de sus acciones.

Entornos negativos

Ésta es una de las quejas más comunes de los vendedores: estar inmersos en ambientes negativos. Se debe a lo sencillo que es entrar al mundo de las ventas y lo poco preparadas que están las organizaciones para hacerse cargo de sus equipos de vendedores.

Todo lo que debes hacer es ver la televisión un poco y descubrir que casi cualquier parte de nuestro planeta tiene una atmósfera negativa. El problema con la negatividad es que se trata de una enfermedad contagiosa que afecta a todos los que estén cerca de ella. Cuando incluyes a gente negativa en un entorno de ventas, destruye tu habilidad para concentrarte, ser productivo y eficiente. Lo último que un cliente desea es negatividad. La gente puede conseguirla sin comprar algo. Creo que las personas pagarán más por una actitud positiva que por el producto mismo.

Es básico para tu capacidad como vendedor mantener un entorno positivo. Eso incluye tanto tu contexto físico como lo que se dice en él. Créeme, para escuchar cosas negativas sólo necesitas a los medios de comunicación y a tus clientes. Lo que menos necesitas es trabajar con gente o estar cerca de familiares que añaden más negatividad a tu vida.

Haz del conocimiento de los demás que no tolerarás pensamientos o pláticas negativas cerca de ti. Pega un *post-it* en tu oficina donde aclares que no permitirás que los demás vayan y arrojen basura en tu espacio. Sé firme con quienes te rodean: NO PERMITIRÁS NINGÚN TIPO DE NEGATIVIDAD CERCA DE TI. Si no tienes algo positivo que decir, ¡entonces regresa cuando lo tengas! Hablar de manera negativa o hacer comentarios ofensivos sobre los clientes debería estar en contra de las reglas de una compañía. Hablar negativamente sobre los productos, la empresa o la gerencia es un indicador inmediato de que se trata de un enemigo del grupo. Si las personas no pueden aportar soluciones y mejorar las cosas y todo lo que tienen que ofrecer es negatividad, entonces se trata de enemigos, enemigos para la compañía, incluso de ellos mismos.

Disciplina

Probablemente, el factor más importante para conseguir el éxito es estar ahí un día tras otro para hacer las cosas bien. La persona, la compañía o el equipo que no es capaz de ser disciplinado en sus acciones experimentará altibajos.

En ventas, la falta de disciplina afectará negativamente tus presentaciones, motivaciones, habilidad para predecir resultados y mantenerte en forma. En ventas, la falta de disciplina es mortal, pues la mayor parte de los empleos se basan en salarios por comisión. Esto ocasiona que el vendedor crea que puede gobernarse a sí mismo y ser poco riguroso. La economía se encargará de disciplinar a cualquiera que se maneje bajo esta idea de libertad. Si quieres ser un vendedor exitoso, debes tener disciplina. Para eso te di un programa de actividades.

Un espacio en blanco en el calendario es un desastre para cualquier vendedor. Mantente ocupado, con cosas por hacer, y siempre encontrarás motivos para ir más allá. Pon disciplina en pequeñas cosas como la hora para irte a dormir y de levantarte, lo primero que harás durante el día, a qué hora llegarás al trabajo, cómo empezar tus actividades, etcétera. La razón por la que la disciplina es tan importante en ventas es porque en ellas hay tantas cosas inesperadas que, mientras más estabilidad puedas proveer, mayor seguridad y mejores resultados conseguirás.

La economía

La economía es un motivo de preocupación para todos los vendedores y las compañías. Cuando los tiempos parecen prósperos y la gente y las compañías gastan su dinero, entonces parece que las ventas se vuelven fáciles. Pero considera que en tiempos de bonanza la competencia es más férrea. En cambio, cuando la economía se estanca y contrae, parece que las ventas fueran más difíciles, pues las personas son más cuidadosas con sus gastos.

Personalmente, logro vender mucho más cuando la economía está en recesión que cuando se expande, pues para mí significa un momento para distinguirme al poner en práctica habilidades como ética profesional, disciplina y actitud positiva. Cuando las personas se enfocan en lo mal que está la economía, soy capaz de cerrar tratos que quizá antes no hubiera podido conseguir. La gente suele cometer muchos errores cuando la economía se contrae por el simple hecho de que reaccionan mal ante la situación.

Una economía cerrada produce pocos gastos e inversiones, falta de certeza para tomar decisiones, bajos préstamos bancarios y mucho más. Es aquí cuando los profesionales toman un paso al frente y sobresalen por sus habilidades. Si llevas suficiente tiempo dedicándote a esto, con seguridad has pasado por momentos en que la economía se expande, se estabiliza y se retrae. Prepárate para todos los escenarios. En ventas, puedes crear tu propia economía en lugar de ser otro participante en la que los demás se agrupan. Sácale provecho a todas las situaciones, pues atravesarás por cada una y deberás aprovechar la mayor cantidad de oportunidades que puedas.

La competencia

En mis seminarios siempre hay alguien que me lanza la siguiente pregunta: ¿qué puedo hacer contra el tipo que ofrece un producto menor, similar o semejante al mío y lo vende más barato? A lo que yo le respondo: ¡¿y qué tal el competidor que ofrece un producto mejor que el tuyo y lo vende más barato?!

La respuesta a esta situación radica en qué harás con tus competidores. Es muy sencillo, no compitas, domina gracias a tu producto, compañía, personalidad y oferta. Si no sabes marcar la diferencia, siempre habrá otros que dominen el mercado al bajar los precios. Ningún producto es el mejor por siempre. Más tarde que pronto, alguien creará otro mejor, lo cual devaluará tus precios y producirá que vendas menos y tengas poco éxito.

En mi libro *La regla de oro en los negocios* menciono que la competencia es para los más débiles. Tú no quieres competir, quieres dominar un sector. El objetivo es darle a tu cliente tanta atención y seguimiento que no haya nadie más que pueda competir con tus servicios. Encuentra una forma de ser distinto. El valor de tus ofertas radica en lo que pones sobre la mesa.

Alguna vez, un cliente me dijo que podía conseguir un mejor trato en tal y tal lugar. A lo que respondí que en ese y aquel lugar no me iba a encontrar a mí. "Firme aquí." Y el cliente lo hizo. No compitas, sé dueño de tu sector.

Conocer el producto

Los productos cambian tan rápido que es casi imposible seguir el rastro. Ya sea el menú de un restaurante, las más de 38 718 mercancías de un supermercado, regulaciones en hipotecas e inversiones financieras o avances tecnológicos en los productos manufacturados, el caso es que conocer el producto es una tarea difícil para cualquier vendedor.

Sin que importe en qué industria te desenvuelves o cuál es el bien que vendes, habrá avances y mejoras que lo harán más atractivo para tus clientes. Por ello, tienes el reto de mantenerte actualizado, conocer las mejoras y los nuevos beneficios. El único vendedor para el que esto es un problema es para quien no está comprometido, no estudia y sobreestima el conocimiento como una herramienta de ventas.

Si no te comprometes, te van a aplastar y tu ignorancia sobre las mejoras de un producto sólo te servirá como excusa. Si no tienes tiempo de estudiar lo que ofreces, perderás credibilidad con tus clientes y esto te será doloroso. Y, por último, si sobreestimas tu conocimiento sobre un producto como lo más importante de todo, muy pronto te llevarás una enorme decepción.

Con el advenimiento del internet, noventa por ciento de los compradores investiga antes de hacer una compra. Ello produce tanto información falsa como verdadera. La buena noticia es que los compradores aún requieren de un vendedor para que les dé información y los ayude a tomar una decisión. No te fíes demasiado en tus conocimientos sobre el producto pero aprende suficiente sobre él para que el cliente confíe en ti y sepa medir el valor de tus propuestas. Recuerda, muy pocos quieren un taladro sólo por tener un taladro, casi todos lo necesitan para hacer un hoyo en la pared y aún más lo buscan... ¡porque quieren resolver un problema!

Seguimiento

Ésta es la debilidad más grande de cualquier vendedor y compañía. Es muy frecuente que, cuando yo le compro a alguien, termine por olvidarme. Cuando me dan seguimiento, sólo lo hacen por una o dos ocasiones, después se olvidan por completo de mí, como si escribirme fuera una pérdida de tiempo.

Incluso mi propia compañía tiene problemas para darle seguimiento a todos nuestros clientes. En el mercado hay cientos de herramientas para administrar a los clientes *(CRM tools)*, las cuales se han creado con la esperanza de resolver este problema. Hay compañías que, para solucionar este asunto, contratan a equipos enteros de telemercadeo que garanticen el seguimiento.

Los mejores vendedores que conozco pueden darle seguimiento a sus clientes, mantener contacto con ellos y usar su creatividad para que los compradores no dejen de pensar en ellos. Darle seguimiento a alguien que te acaba de comprar es una cosa especial y ofrece sus propios retos. También está la necesidad de darle seguimiento al cliente que no te ha comprado aún. Añádele a eso el cliente que no te compró nada a ti y fue a comprarle a la competencia. ¿Y qué tal el cliente, la empresa o el agente que compraría tu producto en el futuro, pero que aún no ha demostrado interés por él?

Todas éstas son oportunidades de seguimiento que ofrecen distintos retos y requieren mucha creatividad. Dar seguimiento exige mucha claridad y convencimiento de lo que quieres vender. A mí no me interesa *una parte* del mercado; yo lo quiero todo para mí. Saber dar seguimiento requiere compromiso, motivación permanente, actitud dispuesta, mentalidad vencedora, habilidad para organizarse, recordar y mucha, mucha creatividad, fortaleza y persistencia.

Hay clientes a los que he seguido la pista hasta diez años sin que me hicieran una primera compra. Incluso cuando escribo esto, se me aparecen en la mente clientes con los que aún no he podido hacer negocios y a los que me debo ganar: un editor, una compañía de publicidad automotriz que tiene presencia en más de 3 400 puntos de venta, una compañía internacional con la que quisiera sentarme a platicar, etcétera. Con seguimiento, un cliente nunca se terminará de ir de tus manos.

Mantenerte comprometido y creativo es la llave. Más importante aún: mantenerte interesado y no olvidar a tus clientes. Cuando tú te olvidas de ellos, ellos sin duda se olvidan de ti. Recuerda lo que hice en la venta más importante de mi vida (ganarme una primera cita con mi futura esposa): me mantuve interesado, seguí buscando maneras creativas de estar en contacto con ella y ahora ella estará a mi lado por el resto de su vida.

Organización

Mantenerme organizado es una de las cosas más difíciles de hacer, pues me la paso a mil por hora, con cientos de ideas y actividades, así como ciclos que nunca concluyen. Esto significa que necesito organizarme, o bien que alguien más levante las piezas y descifre lo que pasó antes y lo que deberá pasar después. Moverme rápido no significa que no me guste ser organizado.

Como a cualquier otro, la organización me da un sentimiento de control, ¡y yo amo tener el control! Una buena organización te permite hacer mejor tus maletas, meter más en ellas y que todo lo puedas encontrar; más aún, te permite viajar más ligero y llevarte sólo lo estrictamente necesario. Si me organizo, puedo encontrar las cosas más rápido, establecer contactos de inmediato e, idealmente, hacer mejor las cosas. Para aclarar, la organización que hace que las cosas vayan más lentas es una distinta a la que me refiero.

La organización es absolutamente necesaria para encontrar las cosas, darles seguimiento, identificar lo que sabes de un cliente y lo que puedes decirle para llamar su atención. En la actualidad, hay cientos de herramientas para administrar tu información y organizarte mejor. El asunto es saber cómo utilizarlas, ya que lo único que ellas harán por ti es poner las cosas en un sitio. Es tu responsabilidad meterte en él para explorarlo.

La organización es crítica para cualquier vendedor, así que tómate tu tiempo para asegurarte de que registras TODAS tus interacciones con un cliente y apuntas desde su número de celular hasta su dirección de correo electrónico, una fotografía, el nombre de su asistente, lo que le interesa, lo que le gusta y lo que no, información sobre su familia y lo que le parece de fundamental importancia. A pesar del resultado de tu interacción con él, NUNCA deseches sus datos. Incluso cuando abandones tu trabajo actual, llévate contigo esta base de datos pues quizá te sea provechosa en el futuro.

Tu habilidad para organizar tu espacio, tus ideas, tus clientes, tu oficina y tu entorno físico redundará en capacidad para organizar tu éxito.

Resistencia a tomar el teléfono

Éste es el fenómeno mediante el cual un individuo inventa excusas para no llamar a sus clientes. Los vendedores lo han padecido desde siempre.

Cada vez que decidas no llamar a un cliente, eres víctima de las resistencia a tomar el teléfono. El papeleo, limpiar tu escritorio, calcular tus posibles comisiones, contar tu dinero, ponerte a chismear en los pasillos, perder el tiempo en la oficina de los demás son sólo algunos ejemplos de esta resistencia. Esto le cuesta más dinero a un vendedor que todo lo que se pueda gastar en un año.

La resistencia a tomar el teléfono proviene de la incapacidad para estar motivado y entrenarse como vendedor. Cuando SABES qué tienes que hacer y decir, cómo manejar las objeciones, acordar citas y superar cualquier tipo de obstáculo, entonces no tendrás posibilidad de sufrir esta resistencia. Recuerda, no importa cuánto tiempo lleves dedicado a esto, eso no te protegerá de la resistencia a tomar el teléfono.

Los vendedores motivados, que se entrenan con regularidad y, sobre todo, que se sumergen en practicar, ejercitarse y ensayar, son víctimas menos inclinadas a este mal. La resistencia a tomar el teléfono no es una enfermedad y no significa que debes alejarte de las ventas. Se trata de un indicador de falta de entrenamiento, motivación y conocimiento, lo cual constituye la confianza de cualquier profesional.

Mantén llena tu cadena productiva

En cierto grado, las ventas son un juego de números. Si cuentas con cien por ciento de ventas cerradas, pero después sólo llamas a un nuevo cliente, entonces éste será el monto de tu éxito. Mantener llena tu cadena productiva en todo momento es vital para que consigas lo que quieres.

La mayor parte de los vendedores sólo toman en cuenta a quienes acaban de vender y se olvidan de contabilizar todas las actividades que conforman su cadena productiva. Vender, no vender, perder ante un competidor, levantar pedidos, no estar listo hasta el siguiente trimestre, conseguir referencias, buscar segundas ventas, etcétera. Uno de los errores más comunes en los vendedores y las compañías es que celebran sus ventas y se olvidan de mantener llenas sus líneas de producción. Uno de los aspectos negativos de cerrar una venta es que, al hacerlo, pierdes un cliente que debes sustituir con alguien más para iniciar todo el proceso de nueva cuenta. A esto me refiero con mantener llena tu cadena de producción.

Requiere mucho esfuerzo venderle a alguien y remplazarlo de inmediato con alguien más. En mi libro *La regla de oro en los negocios* hablo mucho sobre cómo las personas desestiman la cantidad de esfuerzo necesario para ser exitoso y mantenerte así. Conquistar algo es una cosa, mantenerla es otra. En ventas, quieres tener todas tus posibilidades abiertas para no depender de una sola. Un vendedor sin una cadena productiva se vuelve dependiente e inestable. Una persona que trabajaba conmigo me llamó una vez para quejarse de que un cliente le había cancelado una cita. Yo le dije que, si su línea de producción estuviera llena, se pondría contento de que el cliente le cancelara, pues así tendría oportunidad de llenar un nuevo espacio.

Llena tu cadena productiva, mantenla llena, sobresatúrala si lo crees necesario y nunca creas que es suficiente.

Cerrar la venta

Negociar y concluir una transacción es uno de los puntos más problemáticos para los vendedores. Creo que esto se debe a que cerrar un trato no es lo mismo que vender. Por lo común, el cierre se enseña como una de las partes más difíciles de la venta, como una extensión, pero, de hecho, saber cerrar es un arte completamente distinto a saber vender.

Vender es identificar necesidades, elegir soluciones correctas y demostrar las cualidades de un producto para resolver un problema. Cerrar significa que el comprador tome una decisión y esté de acuerdo con lo que tú le ofreces; es decir, concordar con tu solución y tu propuesta.

He conocido vendedores profesionales que son buenos en construir empatía y caerles bien a los clientes, saben cómo animar a la gente para adquirir sus servicios o productos y pueden tener un buen seguimiento, pero, si bien todas estas habilidades son importantes, no son nada sin la cualidad de saber cerrar un negocio.

Los grandes vendedores saben que, para ser buenos, deben tomarse el tiempo suficiente para ser los mejores negociadores, de manera que puedan capitalizar aquí todos los esfuerzos de los pasos previos a la transacción final. Sólo porque una persona sepa luchar no significa que pueda boxear. Cerrar es un arte y cualquiera puede aprenderlo. Se trata de una habilidad que requiere un arsenal de técnicas, transiciones, respuestas, argumentos y estrategias.

La decisión más productiva que he tomado a lo largo de mi carrera fue convertirme en un maestro de los cierres. Gracias a ello forjé muchas herramientas que te pueden ayudar a dominar este arte que llamamos cerrar una venta. Busca mi aplicación en www.closethesaleapp.com. También puedes echarle un vistazo al primer volumen de mi *Los cerradores, guía de supervivencia*, en el cual te presento 126 casos reales. Este volumen vendrá acompañado de otros dos. Otra herramienta muy efectiva para aprender a cerrar una venta, si deseas material visual, es mi sitio de entrenamiento en el cual podrás consultar más de trescientos videos bajo pedido.

Llamadas no devueltas

En toda mi carrera, han sido más las personas que no me devuelven la llamada que quienes responden el teléfono. Debes entender que, si alguien no te llama de regreso, eso no significa que no le interese tu producto. Puede ser así, pero esto no es forzoso. Tal vez no recibieron tu mensaje, quizá están ocupados con algo más o simplemente no consideran una falta de amabilidad devolver la llamada.

Personalmente, intento responder todas las llamadas, a pesar de que me puedan parecer poco interesantes. Si yo no puedo tomarlas, hago que mi asistente lo haga y pida mayores informes sobre la persona que supuestamente no me interesa. Creo que es importante mantener abiertos mis canales de comunicación para que los demás los mantengan abiertos conmigo. Si dejo de comunicarme, me parece que impediré que los demás se comuniquen conmigo.

Ahora bien, el hecho de que tome todas las llamadas y responda todos los correos electrónicos no significa que la demás gente deba hacer lo mismo. Cuando una persona no me regresa la llamada nunca lo tomo como algo personal, y siempre, siempre, siempre dejo un mensaje cuando alguien no me contesta. Después vuelvo a insistir, aun si siguen sin responderme. Cuando alguien no te devuelve la llamada, no quieras suponer la razón por la que no lo hace.

LLAMAR AL CLIENTE + DEJARLE MENSAJE + NO LLAMADA DE VUELTA = ????????

Tú no sabes qué significa que un cliente no te llame de regreso. Lo único es que tienes que seguir llamando, escribiéndole correos o visitarlo personalmente para saber qué pasa. Que el día de hoy un cliente no se interese en ti no significa que no vaya a hacerlo mañana. El hecho de que no seas una prioridad para él esta semana o esta tarde no quiere decir que dejes de llamarlo.

Además, toma en cuenta que nunca debes mencionarle a un cliente que no te devolvió la llamada o hacerlo sentir mal por no hacerlo. Llamarte de regreso no es su trabajo ni su responsabilidad, sino el tuyo. Mientras más creativo y persistente seas, mejor. Varía el tipo de comunicación y el tipo de mensajes, sé creativo. Si el correo electrónico no funciona, intenta con correo postal. Si eso tampoco sirve, busca llamarlo por teléfono o visítalo. Si ninguno de estos medios resulta efectivo, yo suelo poner al cliente en una lista de nombres con los que necesito ayuda y luego pido a otros clientes que me ayuden con él. Algunas veces, todo se reduce a conseguir a la persona indicada en el momento indicado. Recuerda, renunciar no es una opción y echarle la culpa al cliente es no asumir tu responsabilidad. No te pasa *a ti*, pasa *por ti*.

Miedo

El gran problema con el miedo es que no es real. Yo sé que, cuando lo experimentas, puede parecerlo, pero, de hecho, el miedo no existe de manera física en el universo. Este elemento invisible e intangible llamado miedo puede motivar a algunos e inmovilizar a otros para tomar acciones. Vaya cosa, ¿no? En las ventas, el miedo puede aniquilar tus posibilidades para ser exitoso, pero he aquí el secreto: la mejor forma de eliminar al miedo es ponerte en acción. No hay nada mejor que una acción repentina e impetuosa para extinguir ese monstruo que llamamos miedo (eso y un gran sentido del humor).

Yo utilizo todos los días al miedo como mi inspiración, como indicador de las cosas que debo confrontar. Mira lo que dije: "Yo *uso* al miedo." No es al revés. Aunque no sea real, el miedo es algo muy poderoso y soy lo suficientemente mayor para admitir que lo padezco. Un ejercicio existencial es preguntarte si puedes enfrentar tus miedos. Mientras más te muevas hacia lo que temes, más fácil será que lo vuelvas un hábito, una segunda naturaleza. Incluso puedes plantearte iniciar tu día preguntándote a qué o a quién tienes más miedo de llamar. La respuesta te indicará la dirección hacia la cual moverte. Tomar acciones en aquellas cosas a las que temes es la manera de forjarte el carácter. El coraje es una acción, no sólo un tema. Todos tenemos la capacidad de tener coraje, lo único necesario es ponerse en acción. Hazlo un par de veces y verás que muy pronto te sorprenderás buscando otros miedos qué enfrentar. Recuerda, vencer tus miedos es, de hecho, bastante divertido y te da suficientes recompensas, pues consolida tu confianza y te conduce al éxito.

Cuando cumplí cuarenta y cinco años mi esposa, que entonces era mi prometida, creyó que sería una gran sorpresa regalarme la oportunidad de saltar en paracaídas por primera vez. Ella ya lo había hecho tres veces y quería asustarme al darme esa sorpresa por mi cumpleaños. Yo no sabía nada sobre saltar en paracaídas y ella quería verme con miedo. ¿Estaba asustado? Claro que sí, pero nunca dejé de decirme a mí mismo que el miedo no me iba a ayudar a abrir mi paracaídas. La peor parte fue subir a diez mil pies de altura, anticipando la caída hacia mi muerte. Mi mente estaba llena de todas las cosas que podían salir mal, pero no dejaba de decirme que mientras más afrontara lo que me daba miedo, más valiente me volvería. "Tener miedo no me ayudará a abrir el paracaídas."

En cierto momento, me volví hacia un lado para ver a mi hermosa y confiada prometida, quien a su vez también me miraba esperando encontrar en mi rostro una señal de miedo, pero me negué a mostrárselo. Por eso, la miré como si no pasara nada, como si no tuviera ni una pizca de preocupación, aunque de hecho me estaba muriendo de miedo. Ella se me acercó para ver los latidos de mi corazón, con ganas de encontrar una señal. No fue hasta que se abrió la compuerta del avión y la gente comenzó a saltar que el miedo realmente me golpeó. Elena se volvió hacia mí y me dijo: "Nos vemos abajo, guapo", y luego saltó. Ése fue el punto en que de veras entré en pánico, pues no podía hacer nada para protegerla.

Conforme la veía volar por el cielo, me di cuenta de lo que iba a hacer: estaba a punto de saltar. En lugar de querer entenderlo, elegí comerme el miedo y poner manos a la obra. Me rehusaba a que el miedo me paralizara. Me rehusaba a ser su esclavo, a que él dictara mis acciones. En lugar de eso, usé el miedo para tomar una acción y me arrojé fuera del avión. Fue la decisión de utilizar el miedo lo que finalmente me motivó a actuar. Claro, sumado al hecho de que mi chica acababa de saltar. ¿Qué podía hacer? ¿Sacarle? Cuando haces aquello a lo que temes sientes un placer inmenso. Conforme descendía por el cielo, estaba libre de cualquier temor. Después, cuando me casé con esa hermosa mujer, le prometí que siempre iba a enfrentar las cosas que me provocaban temor con tal de proveernos de un maravilloso futuro juntos.

Tanto en tu carrera como vendedor como en tu vida, el miedo es un indicador y un motivador para hacer las cosas que debes hacer. Superar tus miedos es un ejercicio que te ayudará a incrementar tu seguridad para conducirte a un nivel superior. Hacerte cargo del miedo es una decisión. Así que comienza a construir ese hábito de identificar lo que temes y hacer lo que el miedo te indica. Que ésta sea tu primera acción del día. Te aseguro que muy pronto poseerás la confianza que necesita todo vendedor profesional. Así como una persona que se ejercita constantemente en el gimnasio, si te acostumbras a confrontar tus miedos, verás que tu músculo de la valentía se hará cada vez más grande. Muy pronto, podrás tomar acciones a pesar de tus miedos pues, en lugar de inmovilizarte, lograrán motivarte.

Las emociones de las personas

Cuando te enfrentes a un cliente emotivo, considera que estás a punto de cerrar la venta. Nunca lo veas personal, nunca reacciones y te pongas emotivo. Debes saber que, cuando la gente se pone muy emocional, se debe a que están más cerca de hacer la transacción final para cerrar la venta. La clave es mantenerte racional, en calma y sereno, de forma que puedas persistir en cerrar la venta sin importar a qué te enfrentes. Las emociones son de las cosas más sobrevaloradas que existen. Un tipo se enoja porque tu propuesta duplica su presupuesto:

—¡TE DIJE QUE SÓLO PODÍA PAGAR...!

¿Está molesto contigo o consigo mismo? Si duplicar su presupuesto es la solución correcta, entonces no reacciones a su ataque de ira y explícale por qué le mostraste esa opción en lugar de la que podía pagar.

—John, sé que ésta cuesta el doble pero déjame decirte por qué te muestro esta opción en lugar de la otra, a pesar de que cuesta el doble de lo que tenías presupuestado.

Mantente en calma, sé racional y entiende que el ataque pasará y pronto el cliente recobrará el sentido de las cosas.

Todas las personas quieren tomar la mejor decisión posible, así que, cuando un cliente se enfrente a la decisión de comprar alguno de tus productos, comprende que se estimulan sus miedos, fracasos y frustraciones del pasado. Puede parecer que te enfrentarás a la frustración del cliente por no tener más presupuesto, pero sólo porque reaccione así no significa que esté molesto contigo. Las explosiones emocionales no suelen ser tan personales como se cree, sólo son un periodo por el que las personas atraviesan. Algunas personas se expresan más que otras de forma verbal y pueden atravesar por todo un abanico de emociones a lo largo del proceso.

No puedes dejar de perseguir tu objetivo de cerrar una venta cada vez que alguien se molesta. En lugar de eso, debes estar listo para seguirle ayudando, pues tú eres algo así como el guía que lo ayudará a atravesar el río. Es claro que no dejarías de conducirlo a través de la corriente sólo porque se cayó del bote y se puso como loco. Debes hacer que todos conserven la calma. De la misma manera, debes guiar a tu cliente potencial a través de todo el proceso de ventas, a pesar de que se ponga dramático o emocional, mantente sereno y a su lado hasta que tome la decisión correcta.

¡Es tu deber ayudar así a los clientes! No te pongas emocional cuando ellos lo hagan. Practica, ejercítate y ensaya para que puedas mantener la calma cuando alguien más pierde la paciencia. Es una habilidad que puede desarrollarse, pero necesita ser ejercitada. Una de las cosas que más le cuesta a la gente es enfrentarse a otra persona que se pone emocional. Es común que, a quien le pase esto, se deje influir y se hunda en algunas experiencias del pasado no resueltas. Ésta es una fórmula para el desastre. Es muy importante que, cuando esto pase, puedas enfocarte en el presente. De otra forma, dejarás de ser racional y, si lo haces, no podrás encontrar soluciones. Las emociones están sobrevaluadas y el pasado es inútil al momento de crear el futuro. Mantén la calma y aprende cómo no perder el control cuando un cliente potencial se pone emotivo.

Connotaciones negativas de las ventas

El único motivo de que ventas y vendedores carguen con una connotación negativa es por un grupo de ineptos que nunca se tomaron el tiempo de dominar su profesión. Esta falta de estima proviene de una falta de entendimiento sobre la importancia que tienen los vendedores para cualquier economía, además de la ignorancia para distinguir entre un verdadero PROFESIONAL y un vendedor cualquiera.

Un verdadero vendedor profesional no se deja influir por la negatividad porque es una estrella que se mueve en niveles que la mayoría no alcanza a comprender. Ese o esa profesional sabe que vender significa servir y cree tan firmemente en su producto, en su compañía, en él o en ella, que los motivos que lo llevan a actuar son mucho más profundos que el simple hecho de conseguir una comisión. Un verdadero profesional se motiva por la oportunidad de ayudar a otros. Un verdadero profesional admira a todas las personas con las que entra en contacto y generalmente es felicitado tanto por los compradores como por sus colegas.

Si te sientes impedido por las connotaciones negativas de estar en ventas, debes reconectarte con el objetivo de lo que haces y tomar en cuenta la importancia que tiene como carrera y para el desarrollo de la economía. Relee la introducción y el primer capítulo de este libro para arrojar nueva luz a tus motivaciones personales. En lo personal, creo que las ventas son una de las profesiones más nobles pues, cuando se hacen bien y con la intención correcta, engendra individuos independientes, confiados y con una capacidad superior a la de la mayoría. Un verdadero vendedor profesional es capaz de entrar en cualquier circunstancia y hacer amigos, ayudar a otros, calmar el caos y provocar que los demás se pongan en movimiento. Los grandes vendedores son líderes que le dan sentido a las situaciones e inspiran a los otros a hacer lo correcto.

Piensa en una persona que realmente te haya ayudado en la vida, te haya afectado positivamente y hecho sentir bien contigo mismo. Escribe cinco cualidades por las que esa persona te hizo sentir bien.

_____

_____

_____

_____

_____

Ahora, describe cómo cada una de ellas te puede volver un mejor vendedor.

_____

_____

_____

_____

En mi vida he conocido vendedores excepcionales y nunca he dejado de enamorarme de ellos. Su persistencia, actitud positiva, habilidad para escuchar, interés genuino y capacidad para asumir la responsabilidad y desear aprender son sólo algunos de los muchos atributos que me inspiran. Gavin, por ejemplo, de quien hablé antes, es un verdadero profesional y un maestro en su área. Siempre se viste de manera profesional, es positivo, paciente, persistente, comprensivo y empático. Él me sabe escuchar, replica mis comentarios increíblemente bien aunque no lo convenzan del todo, me reconoce incluso cuando sabe que lo que digo no tiene ningún sentido, sabe cómo utilizar el humor y es tremendamente determinado y enfocado en su tarea. Estas cualidades son atractivas en cualquier persona y diferencian a Gavin de cualquier connotación negativa que pueda tener un vendedor. Y gracias a que somos diferentes, él puede presionarme sin realmente tener que hacerlo.

Transfórmate en un profesional de las ventas y la gente dejará de verte con desdén, lo hará con respeto y admiración. A nadie le desagrada un profesional, es el _amateur_ el que levanta sospechas.

No conseguir la respuesta correcta

En ventas es bueno saber lo que vas a decir. Admítelo, la mejor herramienta de un vendedor es saber comunicarse. Ésta es la razón por la cual la mayoría de las personas temen hablar en público.

A nadie le gusta tartamudear, cantinflear, paralizarse y no saber qué decir durante una presentación. La comunicación y la capacidad de saber qué decir y cuándo decirlo es un elemento que tiene mucha influencia en tu profesionalismo y te llevará al éxito. En estas épocas, tu cliente puede estar igual de informado que tú, incluso más, por lo que espera que sepas qué le dices. Además, lo más seguro es que tu cliente tenga muchas opciones con las cuales comparar, así como preocupaciones financieras que deberás resolver si quieres que realmente escuche tu propuesta.

Habrá veces en que no tengas la respuesta correcta para sosegar las preguntas de tus clientes. Esto está bien. Más que lo que dices, la clave está en la manera como lo dices. Si desconoces algún detalle, en lugar de responder que no lo sabes puedes decir: "Es una gran pregunta. Déjeme investigarlo por usted." ¿Cuál de las dos respuestas es más efectiva? Puede ser que creas que no hay mucha diferencia, pero te aseguro que la hay y es enorme. La primera comunica que ignoras la respuesta, lo cual te quita credibilidad. La segunda reconoce el proceso de comunicación que el cliente tiene contigo y demuestra tu disposición para servir. Estar en la posición de saber qué responder en todo momento requiere que afines constantemente tus habilidades para comunicarte y mantener una actitud positiva, además de tener que informarte sobre las características de tu producto.

Vender requiere la misma capacidad que hablar en público. Si no sabes qué decir, ¡no te irá nada bien! Conoce tu presentación, trabájala y conócela tan a fondo que seas capaz de manejar cualquier situación. Prepárate para CUALQUIER pregunta, objeción, argumento, obstáculo, retraso, etcétera. Cada vez que un cliente me dice algo para lo que no estoy preparado, apunto sus palabras y luego, ya en privado, preparo una serie de respuestas que puedo usar en el futuro para manejar la situación cuando me vuelva a ocurrir.

Recuerda, estás en un negocio en que la comunicación es tu principal herramienta. Tú no puedes ayudar a alguien con quien no te sabes comunicar. Esto requiere que te prepares para cualquier cosa y tengas lista una serie de respuestas que respalden tus ofertas y hagan quedar bien a tu compañía.

Nunca olvidaré al niño que iba de puerta en puerta vendiendo un supuesto limpiador orgánico. Yo estaba sumamente ocupado esa mañana en el estudio de mi casa atendiendo llamadas y resolviendo proyectos cuando sonó el timbre. Frustrado, dejé de hacer mis cosas y fui a abrir. El niño hacía ventas a domicilio en mi vecindario, trataba de vender limpiadores (¡difícil tarea!). Yo siento especial admiración por los vendedores que van de puerta en puerta, y más cuando son niños, pero ese día estaba realmente ocupado y no tenía ningún interés en él. Cuando se lo dije y estuve a punto de cerrar la puerta, me dijo:

—Te comprendo, jefe. Sólo dame sesenta segundos para enseñarte cómo funciona.

Mientras me dijo esto, se arrodilló en el suelo y comenzó a limpiar una mancha en la puerta. Entonces me miró y me dijo:

—Estoy aquí recibiendo portazos en las narices y trabajando duro sólo para garantizar que algún día pueda vivir como tú.

Lo siguiente que debes saber es que le di doscientos dólares por un producto que cinco minutos antes no me interesaba en lo más mínimo.

Él me agradó al decirme "jefe" y sonreírme de esa manera cuando yo intenté cerrarle la puerta en la cara, pero lo que de veras me convenció fue su preparación, que lo hizo ser capaz de demostrarme su producto y cerrar la venta. Prepárate para que SIEMPRE consigas una reacción, sin que importe cuál sea la circunstancia.

Abrumado por las objeciones de los clientes

Las objeciones pueden ocurrir en un sinfín de circunstancias: cuando tratas de hacer una cita, presentas el producto, negocias o intentas cerrar una venta. Si no entrenas, siempre te sentirás débil o temeroso de que el cliente te abrume con objeciones. No hay mejor camino que volverte un ninja letal al momento de cerrar una venta. Literalmente necesitas ejercitarte una y otra y otra vez en tu tiempo libre. Esto es algo para lo que debes prepararte constantemente. Haz una lista con todas las objeciones que escuches y practica con ellas de forma que te puedan guiar en el proceso de cerrar una venta. *The Closer's Survival Guide* es un gran recurso que te provee de muchas estrategias para superar cualquier objeción. Ese libro cuenta con 126 casos reales de diferentes tipos de cierres y objeciones. De veras, no tienes ninguna excusa. Si te rehúsas a invertir tiempo para prepararte, te garantizo que tu tiempo lo terminarás invirtiendo en perder negocios de forma innecesaria. Es realmente estúpido cuando un vendedor dice que no tiene tiempo para entrenarse, para leer libros o ir a seminarios porque está ocupado en vender. En realidad, ¿él o ella está ocupado en vender exitosamente o en tratar de vender y fallar? No importa qué tan bueno seas, de todas formas quieres mejorar tus capacidades. Si fueras un leñador profesional, ¿no te interesaría invertir tiempo en afilar tu sierra? Yo creo que sí.

Si quieres cerrar más ventas, ganar más dinero y ser más exitoso, no existe ninguna cosa que sustituya tu necesidad de prepararte como se prepararía un ninja cinta negra.

Ten a la mano un diario en el que apuntes las objeciones que escuchas y ponte a trabajar en ellas de forma inmediata para superarlas en el futuro. Si no quieres hacerlo, busca mi libro *Los cerradores, guía de supervivencia* para encontrar una respuesta adecuada a cada situación. Luego ponte a practicar hasta que domines las respuestas. Supón que escuchas el clásico "tengo que consultarlo con mi esposa", escríbelo, busca una respuesta y luego practica.

Por ejemplo, si un cliente me dice que tiene que hablar con su esposa, yo le diría:

—Lo entiendo, pero si su matrimonio es como el mío, ella ya sabe que usted está aquí y seguramente ya discutieron el asunto. Vamos a hacerlo. Firme aquí, por favor.

Tal vez creas que algo así es demasiado, muy atrevido o muy impositivo. La única razón por la que piensas eso es porque no lo has puesto en tus propias palabras y no lo has practicado. En el momento de practicarlo cien veces y tener éxito en la mitad, ya no creerás que es incorrecto.

Asumo que estás convencido de tu producto, compañía y de ti mismo, y sabes el valor y los beneficios que tu cliente obtendrán. Aquí está el asunto: tu cliente potencial está frente a ti por una razón. Él quiere resolver un problema y necesita que lo ayudes. Cuando no sabes qué decir ante una objeción, te vas a retraer y serás incapaz de ayudar a tu cliente. Cualquiera que necesite hablar con su esposa para tomar una decisión, habla con ella antes de considerar la posibilidad de comprar algo (¡perdón si te ofendí!).

Si experimentas en carne propia el miedo a ser abrumado por las objeciones, los problemas y la dificultad de las circunstancias, se debe a que no estás bien preparado.

Sentirte como un idiota

Si alguna vez has tenido una versión del clásico sueño de estar hablando frente a un grupo de personas para descubrir que estás desnudo, entonces sabes lo que es sentirse un idiota. De pronto, alguien te encuentra con los pantalones en los tobillos. La gente se comienza a reír y te paralizas. Ésta es la buena noticia: todos tenemos miedo a quedar expuestos o ser descubiertos bajo alguna falla.

La palabra idiota proviene del latín y se usaba para describir a una persona poco educada y fuera de este mundo. Es una palabra para hacer sentir mal a la gente y hacerla creer que ignora algo que los demás saben. Sentirse como un idiota es sentir que no se sabe algo. Algunas veces, intuitivamente SÍ sabemos qué hacer, pero por una u otra razón no lo hacemos. Tú SABÍAS que no tendrías que haber ido al bar aquella noche y, sin embargo, lo hiciste. Después, cuando te engarzaste en el pleito, te sentiste como un idiota, pues no escuchaste tus instintos. El grado en que tienes miedo de sentirte como un idiota es el grado en que requieres la opinión de los demás para sentirte bien contigo mismo. Lo mejor que puedes hacer cuando cometes una idiotez es admitirlo y aprender de ella para no volver a hacerla.

Escucha, lo que te quiero decir es que ser un idiota y tener miedo de ser un idiota son dos cosas distintas. En algún momento de nuestras vidas todos hemos hecho idioteces, lo cual significa que nos tenemos que educar más. Grandes personajes llenos de habilidades fueron idiotas antes de aprender, practicar y volverse grandiosos. En cambio, el miedo a ser un idiota te impedirá aprender, ponerte a practicar y, finalmente, volverte mejor. Así que sigue adelante, sé un idiota y comete errores. Libérate del miedo a perseguir tus ambiciones y estar dispuesto a ser un idiota. De esta manera, tendrás la difícil facultad de pararte desnudo frente a un auditorio y pasarla bien.

Conocer personas

En general, los vendedores sienten dificultad para conocer nuevas personas como posibles clientes. Es un síntoma de pensamiento limitado y conservador que acarrea *contracción* en lugar de *expansión*. Por ejemplo, ¿conoces a algún vendedor que prepara su almuerzo en casa y lo come en la oficina para ahorrar dinero? Esta persona se limita, no se enriquece.

La solución para conocer nuevas personas y clientes potenciales es *salir*. Piensa de manera expansiva, no te contraigas. ¿A dónde puedo ir hoy para enseñarle mi producto a posibles clientes? En el curso de tu día, ¿a qué lugares vas para ser visto y buscar suerte? Sal y come en un restaurante, no con tus compañeros de oficina. Ninguno de ellos te comprará nada. Sal al mundo donde están las personas y conócelas. Busca un gimnasio, una iglesia, una convención, una exposición, alguna muestra, toma clases de algo, de lo que sea relacionado con tu trabajo o con algo que te guste. ¡Yo nunca he podido vender mientras miro la televisión!

Si te involucras con la vida, las posibilidades son infinitas. El primer paso es comprometerte a estar rodeado de personas. El segundo averiguar cómo establecer comunicación con alguien que acabas de conocer. Para mí, la mejor manera de conocer nuevas personas es ir al mismo sitio una y otra y otra vez hasta que me siento cómodo ahí y empiezo a establecer comunicación. Después, cuando notes que hay cosas que compartes con alguien más, es común que puedas hablar de ellas y entablar una relación. Otra gran manera de comunicarte es pedir ayuda. Esto se puede hacer de una forma tan sencilla como decirle a alguien más que te gustan sus zapatos y preguntarle dónde los compró. Puede ser que lleven unos lentes que te gusten o manejen un coche del que a ti te gustaría saber algo. Si estás en un restaurante, puedes alabar el platillo de la persona que está a tu lado y pedir lo mismo. Lo que intento decirte es que, mientras más participes en la vida y tomes interés por las personas a tu alrededor, más fácil te será conocer gente. Interésate en los demás, sal, sé visto, haz contacto y mantén llena tu cadena productiva.

Romper el hielo

Siempre será responsabilidad del vendedor entablar una relación con la persona que tiene enfrente. Un comprador no te llama ni va hasta tu oficina ni accede a verte a cierta hora porque no esté interesado. Si quieres ayudarle a un cliente a obtener lo que desea debes conocerlo. Algunas veces, romper el hielo es incómodo pero, mientras lo hagas más cómodo te sentirás más confiado. Por lo tanto, muy pronto dejará de ser un problema.

Muchas veces, y debido a malas experiencias en el pasado, los compradores están en guardia cuando entran a una tienda o contestan el teléfono. Necesitas acercarte a ellos de una manera en que los hagas sentirse bienvenidos y ayudados. Es más fácil de lo que te imaginas: 1) acércate, no esperes a que el cliente venga a ti; 2) sonríe y agradécele a la persona por su tiempo ("de veras le agradezco que se haya dado tiempo para visitarnos"); 3) dale la mano y preséntate (si lo crees necesario, pregúntale su nombre). Sostén tu mano en el aire hasta que el cliente la tome. Ten contacto físico cada vez que te sea posible, pues es una manera de romper las barreras. Sonríe y sigue sonriendo más allá de la actitud del cliente.

Una vez que la comunicación se establece, inmediatamente explica cuál es tu objetivo y cómo piensas utilizar el tiempo que el cliente te da. Una vez que rompas el hielo, no desperdicies los siguientes treinta minutos haciéndote amigo del cliente, no hagas que pierda su tiempo contigo. ¡Siempre habrá momento para eso más adelante! Antes de que le presentes algún producto o los servicios de tu compañía, pon interés en tu cliente y averigua cuál es el problema que lo hizo visitarte. Si Bob quiere verme, debe tener algún problema.

Mantente motivado

Una de las preguntas que los vendedores más frecuentemente me hacen, sin importar la industria en que trabajen, es: ¿cómo me mantengo motivado a pesar de sentir que no estoy logrando mis objetivos? Éste no es un problema sólo de los vendedores, es universal y por el atraviesa cualquier persona que se imponga un objetivo. Ya sea que quieras conseguir esa gran venta, perder peso, entrenarte para correr un maratón o aprender un idioma, la desilusión y el fracaso son parte del camino hacia cualquier meta que valga la pena.

La llave del éxito es saber cómo mantenerte motivado a pesar de las barreras y los obstáculos. La forma que a mí más me sirve para no perder motivación es mantenerme ocupado y en movimiento, de una actividad a la siguiente sin periodos de descanso. Seguro conoces la expresión del vaso medio lleno o medio vacío. El hecho es que, si te mueves lo suficientemente rápido, el fracaso no tendrá importancia, pues muy rápidamente te encontrarás inmerso en otra actividad. Yo me motivo al poner atención en el futuro y no en algo que hice en el pasado.

Cuando paso de una cosa a la siguiente, no me queda tiempo para concentrarme en lo que hice mal. En lugar de eso, me concentro en lo que haré a continuación. De veras creo que la depresión es un nombre incorrecto para referirse a la inactividad. Si tu cocina se incendia, te aseguro que no tendrás tiempo para deprimirte; en lugar de eso consumirás toda tu energía en apagar el fuego para que toda tu casa no se rostice. Después te puedes deprimir, ¡pero no mientras haces las cosas!

La otra cosa que puedes hacer para mantenerte motivado es alejarte de las malas noticias y la gente negativa. Su objetivo es arrastrarte con ellos y sólo te dejarán sintiéndote fracasado, desesperanzado, apático y sin ganas de perseguir tus sueños. En vez de eso, mantente positivo, establece contacto con tu equipo, con tu círculo más íntimo, comparte tus objetivos con quienes celebrarán tus victorias y estarán ahí para acompañarte en tu camino hacia la grandeza.

Volver a empezar con nuevos clientes

Empezar de cero puede causar angustia e incertidumbre. Si eres nuevo con algún producto o en alguna empresa y debes empezar desde trabajar con palitos, eso te puede hacer sentir derrotado. Cuando te encuentres en esta situación, haz un plan y, lo más importante, ¡pon manos a la obra! Si debes volver a comenzar algo, piensa que antes ya lo has hecho y sabes lo que necesitas. Haz una lista de posibles clientes, trabaja tu base de poder, ponte a estudiar tu nuevo producto o servicio y... ¡comienza de una vez! Ponte en movimiento rápidamente. Mientras más pronto salgas de la banca, tomes interés y eches a andar tu cadena de producción, más pronto saldrás de la condición de ser nuevo en un lugar. No te tardes ni un segundo en dar a conocer tu nombre, producto y compañía. Demuestra que estás convencido y sal a convencer a los demás.

Perder negocios por la competencia

Perder un negocio por la competencia puede ser desmoralizante. En ésta situación, tienes dos acciones: 1) puedes echarle la culpa a alguien más y victimizarte, o 2) aprender de la experiencia y seguir adelante. Si escoges el primer camino, las cosas van a empeorar, pues nunca tomarás la responsabilidad por lo que te ocurrió y dejarás que en tu mente crezca la idea de que algo o alguien que no eres tú controla las cosas. Esto deja abierta la posibilidad al fracaso y le da oportunidad a la competencia de que te siga venciendo. Si en cambio, tras perder un negocio con algún competidor, escoges el segundo camino, podrás reflexionar en qué pasó y por qué el producto o el servicio de la competencia pareció mejor a los ojos de tu cliente. Puede ser que haya sido tu presentación. Una gran fuente de información para saber qué hiciste mal es el mismo cliente. Llámale y pregúntale qué ocurrió. En caso de que tú no seas el jefe, es preferible que te apoyes en él para que llame. Ésta es una llamada amistosa en la que no se busca vender y funciona como un elemento del proceso de control de calidad de una compañía para evaluar el tipo de atención que reciben los clientes. Es una estrategia muy efectiva y te puede dar muchísima información que podrás utilizar en el futuro. La diferencia es que este tipo de acciones te ponen en movimiento y buscan la causa de tus errores, en lugar de quedarte lloriqueando.

Falta de consistencia

La falta de consistencia siempre conduce a falta de disciplina. La disciplina no es un concepto útil sólo para fisicoculturistas o soldados. Es parte de nuestro quehacer diario e implica tener control sobre las cosas para hacer algo con ellas. Piensa en un jardín que crece de forma silvestre y todo lo que debes hacer para embellecerlo. Lo mismo debes hacer contigo como vendedor.

El proceso con el que realizas llamadas, sales a conocer gente nueva, manejas bien a un cliente de principio a fin, todas estas actividades pueden empatar bien con tu vida cuando conoces tu trabajo, te entrenas y fortaleces. Tus miedos son como mala hierba, crecen sin control y tu falta de disciplina deja que infesten tu jardín. A lo largo del día tienes que hacer determinadas cosas y, cuando de hecho las haces, puedes notar que el éxito comienza a florecer. Si, en cambio, las dejas para el día siguiente, la mala hierba empieza a aparecer y tú decaes, pierdes la disciplina y las cosas se comienzan a salir de tus manos, lo cual terminará por producirte pánico.

Cada día asume el control y HAZ lo que se requiere. Genera una lista de tus deberes, asegúrate de que la cumples y trata de hacerlo mejor al día siguiente. Llamar a veinticinco personas, palomita. Darle mi tarjeta a treinta clientes potenciales, palomita. Escribirle a cinco clientes, palomita. Demostrarle mis productos a diez personas, palomita. Cerrar tres ventas, palomita.

Conviértelo en un juego y mejora tus resultados cada día. Pronto, la necesidad de disciplinarte se convertirá en un hábito y te dará riqueza a ti, a tu familia y a tu negocio.

Llamar a un cliente potencial sin consentimiento previo

¿Quiénes son mis compradores? Ésta es una pregunta que todos los vendedores deben ponderar a la hora de buscar prospectos o empezar un negocio. Podrás responderla de manera natural cuando comprendas y te convenzas de tu producto. Una vez convencido puedes entender los problemas que tu producto resuelve. Entonces, contarás con la información necesaria para llamar a CUALQUIER persona y contarle sobre tu producto o tus servicios. Así identificarás a quienes tengan el problema que tu producto resuelve y podrás enfocarte en ellos y llamarlos. ¿Cómo haces una llamada a alguien que no te conoce? Primero, quítate el miedo y deja la pena y la inhibición en casa. Después, refleja profesionalismo. En tercer lugar, haz un mapa de clientes potenciales según sus necesidades. Cuarto, ¡visítalos o llámalos! Confía en ti cuando lo hagas. En mi oficina tengo un grupo de guerreros que hacen una llamada tras otra a personas que viven en ciudades en las que ellos nunca han estado. Su absoluto convencimiento de que nuestros productos pueden mejorar la vida de los consumidores les da la confianza y el coraje que necesitan todos los días para vencer el miedo y ponerse a llamar a un montón de extraños. Ellos son capaces de entrar en cualquier compañía, atravesar por el área de ventas e ir directamente con el jefe para ofrecerle una solución a sus problemas. Lo hacen gracias a la confianza que transmiten, gracias a la cual nunca se ven fuera de lugar. Cree en tu producto o en tu servicio y utiliza tu miedo para ponerte en acción. Recuerda, es el movimiento el que desvanece al miedo, y lo hace en cuestión de segundos.

Trabajar por comisión. Falta de seguridad

Al crecer, a todos nos dijeron que teníamos que estudiar mucho, prepararnos, conseguir un trabajo en alguna empresa importante, ir a la oficina de 9:00 a 6:00, tomar dos semanas de vacaciones al año y retirarnos con suficientes ahorros para correr la última milla.

Éste era el plan que debíamos seguir para tener estabilidad. Padres, maestros, orientadores vocacionales abanderan esta filosofía y se la imponen a jóvenes que lo que quieren es pintar, bailar, hacer videojuegos y salirse del huacal. Pero, en realidad, éste es el camino más peligroso. Poner tu futuro en manos de los accionistas de una compañía o del director general de una empresa, cuyas decisiones se fundamentarán en los movimientos del libre mercado, es arriesgarte mucho. Recuerda lo que pasó en 2008 con grandes empresas como Lehman Brothers, JPMorgan Chase y Merryl Lynch, cuyas gigantescas pérdidas acarrearon la bancarrota de miles de negocios y el despido de millones de personas. Hoy no existen trabajos seguros. La verdad es que, a quienes les va bien en la vida es a los innovadores, a los creadores de nuevas ideas o tecnologías. Así que, cuando te dé pánico vivir por comisiones, piensa lo siguiente: ¿prefieres poner tu futuro en manos de una junta directiva, un director general, un sistema de seguridad social, en lugar de ponerlo en ti? ¿Quién crees que está más capacitado para tomar las decisiones sobre ti y tu familia, tú o el director general de JPMorgan? Tu éxito financiero está más seguro en la persona que lo va a requerir, y esa persona eres tú. Eso es seguridad.

Largas horas de trabajo

Las largas horas de trabajo existen para aquél que sólo las mira. Honestamente, y como lo mencioné antes, todos contamos con el mismo número de horas al día. Ricos y pobres tienen la misma cantidad de tiempo en sus manos. El asunto, más bien, es si trabajas para realizar tus sueños o para realizar los sueños de alguien más. De hecho, cuando vuelves a casa después de la oficina no dejas de trabajar, pero lo haces en algo más. Tal vez te gusta hacer ejercicio. Trabajas con tu cuerpo. Tal vez te gusta estar con tu familia. Trabajas en estar con ellos: cenas a su lado, te lavas los dientes a su lado, llevas a los niños a la cama, etcétera. Tal vez, cuando vuelves a tu casa prendes un cigarro de mariguana, ves la televisión y te olvidas de todo hasta el día siguiente. Si éste es tu caso, eres una mina de oro para tu *dealer,* pues eres una víctima perfecta del sistema y ya no estás a cargo de tu vida. Si te acabo de describir, por favor llama a mi oficina y averigua la forma en que puedes salir de ese horrible agujero. Si lo haces, te recomendaremos un libro que te animará más que cualquier droga.

La buena noticia es que, hagas lo que hagas, trabajas las veinticuatro horas de los siete días de la semana. Así pues, está en tus manos tomar acciones positivas y mejorar tu trabajo. Si cuando estás en la oficina haces como que trabajas mientras esperas la hora de la salida, entonces alargas las horas hasta la eternidad. Si, en cambio, estás en cuerpo y alma, te vuelves el capitán del barco y trabajas PARA TI y para TUS SUEÑOS, entonces las veinticuatro horas del día nunca te parecerán suficientes.

Todo está en tu cabeza, amigo, todo. Tú decides qué quieres hacer, pero DECIDE. Literalmente, el tiempo es tuyo si cada día te levantas con una taza del "café de tus sueños". La carrera de vendedor carga con el estigma de las largas horas de trabajo pero, yo me pregunto, ¿comparado con QUÉ? En ventas trabajas para ti mismo, tú tienes el control de tus ingresos y no hay tabulador que los limite. No hay más límites que los que TÚ te pongas. Así que, si crees que trabajar para ti mismo es demasiado pesado, examina para quién realmente trabajas y presenta tu renuncia.

Características de un gran vendedor

1. Está dispuesto a que le digan no. Wayne Gretzky dijo alguna vez que nunca podrás meter el tanto que no intentas. Para ser un gran vendedor debes estar abierto a la posibilidad de que la gente te diga no más de una vez. Muchos vendedores levantan un orden por el simple miedo a que les digan no, evadiendo así el resultado que creen obtendrán.

2. Busca levantar el pedido siempre. Lo creas o no, una de las principales razones por las que fracasan los vendedores es porque nunca piden la firma del cliente. La gran mayoría de los vendedores están convencidos de que es lo que más hacen pero, de hecho, no son ellos quienes lo mencionan por primera vez. Quizá quieran evadir el rechazo o fracasar. Quizá no tienen la disciplina para hacerlo. Muchos de ellos se conducen con la falsa creencia de que es poco amable y si son amables el cliente terminará por comprarles algo. El caso es que muy pocas personas te van a comprar algo si tú no se los pides, y varios sólo lo harán hasta que se los pidas por lo menos cinco veces. Si no estás dispuesto a preguntar, tu futuro es recoger las migajas que los profesionales dejarán tras ellos.

3. Escucha selectivamente. Si eres de los que creen todo lo que le dicen y confían en que los demás harán lo que pregonan, serás un pésimo vendedor. La gente te dirá muchas cosas que en realidad no significan nada: "no puedo pagarlo, está fuera de mi presupuesto", "hoy no vamos a comprar nada, sólo estamos viendo", "nunca tomamos una decisión precipitada", "tengo que consultarlo con mi esposa", "volveré en un minuto". Estas mentiras salen una y otra vez. Si eres culpígeno y crees en lo que te dicen los clientes como si fuera un evangelio, entonces olvídalo y dedícate a otra cosa.

4. Se mantiene convencido de su propia versión. Si eres de las personas que adoptan la versión de los otros pues son incapaces de confiar en sí mismos y sus ideas, entonces serás un desastre vendiendo tus productos y un gran vendedor de los productos de los demás. Piénsalo, estás en medio de un círculo vicioso en el que comienzas con la intención de vender tus cosas y terminas comprando las de alguien más.

5. Hace preguntas. Si odias hacer preguntas porque crees que es muy personal y no te quieres meter en los asuntos de otros, nunca podrás desempeñarte como vendedor y menos aún en cualquier actividad que implique negociar. "¿Cuánto gana?",

"¿Hace cuánto trabaja aquí?", "¿Quién puede tomar la decisión?" Éstas son preguntas que debes hacer. Si hacer preguntas te provoca incomodidad y no quieres afrontarla, esto determinará tu futuro como vendedor y, de hecho, el resultado de cualquier negociación que hagas en la vida.

6. Recibe respuestas a sus preguntas. Conozco a muchos vendedores que no les importa hacer preguntas, pero que nunca se toman el tiempo de recibir una respuesta. Ellos creen que, por el simple hecho de preguntar, controlan la conversación, pero de hecho no lo hacen, pues nunca reciben una respuesta. Preguntan una cosa y otra, algunas veces se responden a sí mismos y no llegan a ninguna parte. La persona que controla la conversación no es quien pregunta sino el que consigue respuestas.

7. Sabe que el precio no es el elemento determinante. Si crees que el precio más bajo es la principal razón por la que la gente compra, entonces no te dediques a esto. Mejor atiende en un Wal-Mart o vuélvete mesero. El 99.9 por ciento de los productos que hay en el planeta pueden ser remplazados por productos más baratos. Ya sea una bolsa, un teléfono, una televisión, un automóvil, un seguro, una hipoteca, etcétera, alguien, en alguna parte, puede venderlo más barato. En realidad, la mayor parte de las cosas que están a la venta ni siquiera son realmente necesarias, así que, si lo que la gente buscara fuera el mejor precio, lo mejor que podría hacer es no comprar nada. Que un producto sea demasiado caro es un mito y nunca es la razón por la que una persona deja de comprar algo. Si de cualquier manera crees que el principal elemento en las ventas es el precio, olvídate de esta carrera.

8. Está dispuesto a presionar e insistir. Si tú eres uno de esos a quienes sus padres, maestros y todo su contexto enseñaron que salirse con la suya está mal, entonces no seas vendedor. En realidad, no te dediques a nada que tenga que ver con negociar, debatir o emprender. Un diamante no es más que un pedazo

de carbón hasta que alguien aplica la presión suficiente durante determinado tiempo. La gente no se separará de su dinero hasta que alguien le demuestre que vale la pena e insista en que lo haga. Si odias la presión y la persistencia, no te dediques a las ventas y olvídate de hacer cualquier negocio a lo largo de toda tu vida.

9. Cree que las ventas son una actividad positiva. La gran mayoría de los vendedores cree que lo que hace está mal y es poco ético. Debido a esta creencia, lo que hagan para vender lo harán mal. Incluso una pequeña duda al respecto destruirá todas tus posibilidades de ser exitoso. Los grandes vendedores están orgullosos de su trabajo y saben que nada ocurre en este planeta sin un vendedor de por medio.

10. Se entrena y se prepara constantemente. Si tú eres de los que creen que serán grandes vendedores sólo por sus aptitudes naturales y no estás dispuesto a entrenar, entonces te irá muy mal como vendedor. Puede ser que lo hagas más o menos bien, pero al final morirás pobre. Incluso los mejores vendedores se ven en el problema de trabajar en un ambiente competitivo, plagado de cambios y economías que suben y bajan. Para que te vaya bien, debes comprometerte con tu entrenamiento, leer libros, ir a seminarios y estar al tanto de nuevas estrategias y oportunidades.

Por cierto, si no cumples con los requisitos de los puntos que van del 1 al 8, no sólo serás un mal vendedor, sino que tu paso por este mundo será extremadamente difícil.

ACERCA DEL AUTOR

Grant Cardone es un experto internacional en ventas, entrenador de vendedores, conferencista y uno de los autores más populares de *The New York Times*. Es conocido por diseñar programas de ventas para todo tipo de organizaciones, desde las más pequeñas hasta las más grandes, y su trabajo ha afectado positivamente el desempeño de cientos de miles de personas y de compañías en todo el mundo. Empresas trasnacionales, microempresarios, asociaciones civiles y particulares utilizan sus técnicas y sistemas para mejorar su efectividad e incrementar su valor en el mercado.

Cardone es la estrella principal del *reallity Turn Around King* y aparece constantemente como comentarista y experto en Fox News, CNBC, MSNBC y CNN. Durante más de veinticinco años ha impartido conferencias sobre ventas, finanzas, bienes raíces, caminos para conseguir el éxito y pláticas motivacionales alrededor de todo el mundo. Su dinamismo y agudo sentido del humor, así como su acelerado ritmo, mantienen a la audiencia expectante, intrigada y completamente involucrada con él.

Cardone es director general de dos compañías de entrenamiento y consultoría, y es dueño de una firma de bienes raíces con un valor de cien millones de dólares. Anteriormente, escribió tres libros para inspirar a quienes buscan ser exitosos: *Los cerradores, guía de supervivencia* (2019), *Si no eres el primero, eres el último* (2015) y *La regla de oro en los negocios* (2016).

Continuador de la tradición de ofrecer herramientas innovadoras, nuevas tecnologías y formas para mejorar el estilo de vida de la gente, desarrolló un sitio virtual de entrenamiento completamente innovador: www.cardoneuniversity.com y www.cardoneondemand.com.

Además, el autor está involucrado en actividades sociales y ha recibido reconocimientos de organismos como el Senado de los Estados Unidos, el Congreso norteamericano, el Municipio de Los Ángeles, las Fuerzas Armadas y otros. Recientemente, Cardone dirigió el Young Entrepreneurs Organization del MIT, en el cual quedaron representadas quince naciones de todo el mundo. A su vez, la McNess University lo honró con la distinción Distinguished Alumni.

Actualmente vive en Los Ángeles, con su esposa, la actriz Elena Lyons, y sus hijas.